INHALTSVERZEICHNIS

DER AI E-Commerce Kompass 4.0

Der Ratgeber rund um das Thema Geld verdienen im Internet mit AI-Tool-Support

2. überarbeitete Edition

AI-Tools mit Midjourney, Dalle3, etc,
E-Mail-Marketing Fallstudien
Affiliate Marketing im Amazon Partner Net
Pinterest Strategie mit Praxisbeispielen
Google SEO Trends: Voice & Image,
Onlineshop-Optimierung

Juergen Schleiting

I. VORWORT

Der **„E-Commerce Business Kompass 4.0“** ist entstanden, um hilfreiche Tipps und Tricks zu vermitteln, die das Geld verdienen im Internet mit einem neuen Geschäftskonzept ermöglichen. Das Buch soll vor allen Dingen Orientierung bieten, wenn es darum geht, neue Produkte im Internet anzubieten. Vom Produktlaunch bis zur erfolgreichen Vermarktung der Angebote ist allerdings ein langer Weg.

Zudem haben sich die Rahmenbedingungen und Gesetzmäßigkeiten des E-Commerce in den letzten Jahren deutlich verändert. Was vor 2-3 Jahren noch aktuell war, hat heute schon keinen Bestand mehr. Denn Online-Marketing ist noch stärker Veränderungen ausgesetzt. Hier seien zum Beispiel Algorithmen, höhere Ansprüche der Kunden, neue technische Gegebenheiten und natürlich auch der Einfluss von künstlicher Intelligenz exemplarisch zu nennen.

Wer heute im Internet Produkte verkaufen will, muss die aktuellen Herausforderungen annehmen und erfolgreich meistern. Dazu ist das entsprechende Rüstzeug mitzubringen. Erst mit der optimalen Orientierung im bestehenden Wettbewerb und der Fähigkeit, sich schnell anpassen zu können, ist es möglich, in der fortschreitenden Transformation des World Wide Web bestehen können. Der „AI E-Commerce Kompass 4.0“ liefert daher wichtige Grundlagen und Erfahrungswissen, dass in der eigenen Praxis wirkungsvoll und umsatzsteigernd eingesetzt werden kann.

Auf dem Weg zum funktionierendem E-Commerce Business stellt die erfolgreiche Kundenakquise eine große Herausforderung dar. Die in diesem Buch enthaltenen

Ausführungen und Ideen sollen Unternehmern dazu dienen, eine Brücke zwischen Ihren Kunden und Ihren eigenen Produkten aufzubauen.

Als 3. Überarbeitete Auflage enthält der „E-Commerce Business Kompass 4.0“ im Gegensatz zum „E-Commerce Kundenmagnet“ zusätzliche Tipps, um mit Automatisierung und künstlicher Intelligenz neue Wege zum Kunden aufzubauen und Prozesse zu automatisieren. Zudem bietet der „E-Commerce Business Kompass 4.0“ zahlreiche aktualisierte Informationen zu den Themen der geplante Start ins E-Commerce Business, Arbeiten mit AI Tools, Website Recovery zur Suchmaschinenoptimierung, Social Media Marketing und Affiliate Marketing sowie Online Werbung.

Hier nur einige exemplarische Beispiele:

- Wie verändert sich das Onlineshopping im AI-Zeitalter und welche Qualitäten sind beim Onlinehandel heute unverzichtbar?
- Wie plane ich mein eigenes E-Commerce Business in 24h?
- Wie gelingt es mit AI-Tools, die Kundengewinnung zu optimieren?
- Welche AI-Tools sind für E-Commerce Aktivitäten relevant?
- Wie baue ich eine optimale Kundengewinnung mit verbesserter Kundenbindung auf?
- Wie orientiere ich mich erfolgreich im Wettbewerb und verbessere meine Chancen auf Neukunden?
- Welche Elemente sollten im optimalen SEO-Text enthalten sein, so dass ich langfristig bessere Rankings in Suchmaschinen generieren kann?
- Wie unterscheiden sich Plattformen, wie zum Beispiel YouTube, Amazon, der eigene Blog oder Onlineshop?

- Wie gelingt die E-Commerce Kundenakquise im Gegensatz zur traditionellen Kundengewinnung?
- Welche Qualitäten sind im AI und Automationszeitalter besonders wichtig?
- Welche Vermarktungsschritte sind auf Amazon, Ebay und Co notwendig?

All diese Fragen werden im **„AI E-Commerce Kompass 4.0“** beantwortet. Der Fokus liegt dabei auf den Maßnahmen zur **Suchmaschinenoptimierung**, den Einzelschritten von **Zielgruppen- und Wettbewerbsanalysen**, AI und Automatismus als Teil einer neuen Marketingstrategie und **moderne Kundenanforderungen** im modernen E-Commerce.

Der Ratgeber richtet sich an Einsteiger, die bislang noch keine Vorkenntnisse und Erfahrungen im Online-Business und der Vermarktung von gesammelt haben, aber auch erfahrene Vermarkter, die nach neuer Inspiration für eine weitere E-Commerce Business Idee suchen.

In diesem Ratgeber werden direkt Fertigkeiten vermittelt, die unmittelbar für mehr Traffic sorgen und Verkaufschancen verbessern können. Dennoch stellt sich die Frage: Warum ist dieser Ratgeber „E-Commerce Kompass“ eigentlich entstanden?

Als Nachfolger des „E-Commerce Kundenmagnet“ soll der „AI E-Commerce Business Kompass 4.0“ Orientierung in vielen Bereichen des Onlinehandel geben. Denn die Kernbestandteile des Online-Marketing haben sich in den letzten 3-5 Jahren nicht nur massiv geändert, E-Commerce befindet sich nach wie vor im Umbruch. Dazu zählen unter anderem die folgenden Bereiche:

- AI Content-, AI Image- und AI Video Creation
- SEO Algorithmus Updates und Website Recovery
- E-Mail-Marketing Strategien und Anwendungen
- AI Chatbots zur Kundenakquise

- Customer Profile und Kundenbedürfnisse besser verstehen
- Video Marketing Strategien
- Onlineshops
- Mobile Shopping – Der neue Trend
- Optionenvielfalt bei Produkten und Liefer- und Zahlungsmöglichkeiten
- Social Media Marketing (YouTube, TikTok, Instagram, etc.)
- Affiliate Marketing

Egal, ob Sie ein eigenes Unternehmen aufbauen wollen oder neue Ideen für den optimalen Vertriebs Ihrer Produkte benötigen. Der „AI-E-Commerce Kompass 4.0" liefert ein Update zu den wichtigen Neuerung im Onlinehandel, neue Wege zum Kunden und wichtige Erkenntnisse zu modernem E-Commerce.

Wir beginnen allerdings auch mit der Klärung eines großen Problems des mdoernen Online Marketing - die AI-Content Generierung und der Einsatz von AI-Tools.

Warum lohnt sich der AI E-Commerce Kompass 4.0 für Sie? Diese Frage ist natürlich berechtigt. Aktuelle Erkenntnisse im Bereich Online Marketing können Ihrer Firma auch in Zukunft mit exklusiver Online Marketing Expertise zu erneutem Wachstum verhelfen. Denn die AI-Tools haben die E-Commerce Landschaft beispiellos revolutioniert.

Denken Sie an einen zusätzlichen Vertriebskanal, der in Zukunft ein weiteres Standbein Ihres Berufslebens werden kann. Informieren Sie sich in diesem E-Book auch über moderne Vertriebsplattformen, neue Kundenbedürfnisse im E-Commerce, notwendige AI-Tools und Anwendungen, sowie individuelle Erfolgsaussichten. Der Erfolg im Internet hängt von vielen Faktoren ab und wird auch in Zukunft von individuellen Faktoren abhängen.
Im Internet kursieren mittlerweile viele Vertriebsratgeber und

SEO Kurse und Guides, die aber stellenweise nicht die zentralen Probleme im Online Marketing aufzeigen und Lösungen anbieten. Unser E-Book soll dabei helfen, Inhalte besser zu verstehen und in Zukunft Online-Verkaufsmöglichkeiten mit besseren Vermarktungstechniken zu betreiben.

Dabei sind die Strategien auf eine bessere Kundengewinnung und eine gute Produktauswahl ausgerichtet, wobei die aktuellen Bedürfnisse noch stärker in den Fokus gerückt werden sollen. Der Blick auf Benchmarks soll dabei helfen, Ihre Fokus im Hinblick auf moderne Marketing Maßnahmen zu erhöhen und für neue Themen und Schwerpunkte zu sensibilisieren.

Nur ein gut vorbereitetes Konzept wird auch zu Verkäufen führen. Optimieren sie Ihren Absatz, finden Sie das richtige Produkt und finden Sie selbst heraus welcher Vertriebskanal dabei die besten Erfolgschancen für Sie hat. Lernen Sie Ihre Akquise-Chancen kennen und entdecken Sie das tatsächliche Potential Ihrer Onlinekanäle im Detail. Nutzen Sie die Orientierung, die mit dem E-Commerce Erfolgskompass verbunden ist.

Geld verdienen im Internet mit AI Support ist ein Projekt, dass nicht über wenige Monate funktioniert und nur auf einem breiten Fundament erfolgsversprechend funktionieren wird. Sie werden sich selbst Zeit einräumen müssen. Dabei wird die Intensität Ihrer Bemühungen, Ihre Strategie und Ihre Taktik auch zeigen, wie lange Sie benötigen, bis Sie regelmäßig Einnahmen erzielen können. Wenn Sie jetzt interessiert sind und Wege des Geld Verdienens im Internet kennenlernen wollen, dann sind Sie hier genau richtig.

Viel Freude beim Lesen.

EINLEITUNG

Das Thema Online Geld verdienen ist mittlerweile ein absolutes Topthema geworden und interessiert jeden Unternehmer brennend. Viele Unternehmer, Selbstständige und auch Beschäftigte wollen sich Ihren Traum verwirklichen und langfristig ein eigenes Unternehmen aufbauen, dass genug Umsätze generiert. Welche Dienstleistungen dabei genau die richtigen sind, sollte jeder Unternehmer entweder abwägen oder durch Erfahrungen absichern. Denn der Umstieg in ein Onlinebusiness kann sehr steinig sein, wenn Produkte und Dienstleistungen nicht optimal gestaltet werden und nicht genug Kunden Interesse an den Produkten haben.

Online Geld verdienen wird eben nur funktionieren, wenn Sie in der Lage sind genug Kunden zu gewinnen und diese begeistern. Gerade auch deshalb sind Produkte und die Besonderheiten im Marketing zu beachten. Wer seine Produkte gut vermarktet hat gute Chancen in Zukunft erfolgreich zu sein. Wiederkehrende Kunden können dann natürlich ein hervorragender Stabilisator für das eigene Unternehmen darstellen.
SEO, Online-Marketing und Website Performance sind auch deswegen als Maßnahmen in aller Munde. Viele Selbstständige und Unternehmer sind derzeit in der Problemlage, für Ihre Website mehr Leads und Kunden generieren zu müssen. Mit diesem „AI E-Commerce Kompass 4.0“ sollen die neuen Chancen des Online-Marketing vorgestellt werden.

- Wie vermarkte ich Produkte und Dienstleistungen?
- Welche Kundenansprüche sind heute (2024+) zu erfüllen?
- Welche Rolle spielen moderne Dienstleistungsplattformen wie Fiverr und Co.?
- Wie baue ich ein erfolgreiches Affiliate Marketing auf?

Die Vermarktung im Onlinebusiness kennt viele Wege. Der „AI E-Commerce Kompass 4.0“ schenkt einen Einblick in viele verschiedene Varianten der Onlinekundengewinnung mit unterschiedlichen Instrumenten.
Dieser „E-Commerce Business Kompass 4.0“ hat den Anspruch die Reichweite von Produkten und Dienstleistungen Schritt-für-Schritt zu erhöhen.

KAPITEL 1: E-COMMERCE GRUNDLAGEN

E-Commerce hat nun schon seit geraumer Zeit sein großes Potential unter Beweis gestellt. Wie diese Entwicklung im Einzelnen genutzt werden kann, bleibt die Aufgabe eines jeden Unternehmens.

Wer sich mit einem neuen Startup etablieren will oder eine Firma im E-Commerce neu aufstellen will, sollte die Entwicklung des E-Commerce betrachten und auch einige Basics studieren.

1.1 Die Entwicklung des Web und seine zentralen Entwicklungsphasen

Das World Wide Web hat seine Entwicklungsphasen durchlebt und damit auch jeweils neue Bedingungen für den E-Commerce geschaffen. Die jetzige Phase wird besonders geprägt von modernen Tools und Social Media Plattformen, die vermehrt auch neue Shopping Integrationen ins Angebot angenommen haben.

Ob Instagram, TikTok oder YouTube, überall lassen sich Shops integrieren und E-Commerce Gelegenheiten erkennen. Diese Entwicklungen sind aber gerade erst aktuell geworden. Sei es weil die Plattformen noch keine eigenen Shop Integration angeboten haben oder sei es weil Influencer und Unternehmen die Gelegenheit noch nicht als solche in Anspruch genommen haben.

Mit der Weiterentwicklung von Onlineshops haben sich aber auch die Einkaufswelten verändert. Onlineshops sind informativ und graphisch aufwändiger, gleichzeitig für Kunden optionaler geworden.

Denn Zahlungsmöglichkeiten, Produktangebote können meist gewählt werden, damit ein möglichst nicht weiter eingeschränktes Einkaufserlebnis entstehen kann. Dazu zählt auch die freie Wahl von Versandmöglichkeiten und vieles mehr, wie der Einsatz von Rabattcodes und und und.

Im Allgemeinen gibt es die folgenden, wichtige Phasen:

1. Entstehung:

Das WWW wurde 1989 von Tim Berners-Lee am CERN entwickelt. In dieser Phase wurde das Konzept des Hypertexts und die Technologie zur Verknüpfung von Dokumenten entwickelt.

2. Frühe Verbreitung

In den frühen 1990er Jahren begann sich das WWW langsam zu verbreiten. Unternehmen und Organisationen begannen, Websites zu erstellen und Informationen online verfügbar zu machen. Der Fokus lag hauptsächlich auf statischen Webseiten und einfachen Hyperlink-Verbindungen.

3. Kommerzialisierung

Mit dem Aufkommen des E-Commerce in den späten 1990er Jahren entwickelte sich das WWW zu einem kommerziellen Medium. Online-Shops und Zahlungssysteme wurden eingeführt, und das Web wurde als Plattform für Geschäftsaktivitäten genutzt.

4. Web 2.0

In den 2000er Jahren begann das Web, sich in Richtung Interaktivität und Benutzerbeteiligung zu entwickeln. Das Konzept des Web 2.0 wurde geprägt, in dem Nutzer nicht nur Inhalte konsumieren, sondern auch selbst erstellen und teilen konnten. Soziale Netzwerke, Blogs, Wikis und andere kollaborative Plattformen wurden populär.

5. Mobiles Web

Mit dem Aufkommen von Smartphones und mobilen Geräten in den 2010er Jahren hat sich das WWW weiterentwickelt, um den Anforderungen mobiler Nutzer gerecht zu werden. Responsive Webdesign und mobile Apps wurden wichtige Aspekte, um Inhalte und Dienste auf unterschiedlichen Geräten zugänglich zu machen.

6. Web 3.0 und Semantic Web

Die aktuellen Entwicklungsphasen des WWW konzentrieren sich auf die Einführung von Web 3.0 und auf die Weiterentwicklung des Semantic Web. Das Ziel ist es, das Web intelligenter zu machen, indem Daten und Informationen besser strukturiert und miteinander verknüpft werden. Künstliche Intelligenz und maschinelles Lernen spielen dabei eine wichtige Rolle.

Nach dem IOT – dem Internet of Things folgt im Web3.0 auch das Internet of Mobile Things, wie Integrationen in Kopfhörern, Apps und Autos mit sich gebracht haben. Auch die Verknüpfung von SmartHome Elementen kann zu dieser Entwicklung gezählt werden.

Im Rahmen des Semantic Web sind zahlreiche Applikationen noch weiterentwickelt worden. Dabei steht bei vielen Anwendungen die Vernetzbarkeit im Vordergrund.

Es ist wichtig anzumerken, dass diese Phasen sich manchmal

überschneiden und es verschiedene Interpretationen der Entwicklungsphasen geben kann. Die genannten Phasen stellen jedoch einen allgemeinen Überblick über die Entwicklung des WWW dar.
Dieses Buch zielt auf die letzte Entwicklungsstufe des Semantik Webs ab, indem viele weitere Funktionen, zusätzliche Integrationen auf Websites und Applikationen die E-Commerce Möglichkeiten noch einmal deutlich erweitert haben.

- **Die Entwicklung des E-Commerce im späten Verlauf (ab 2020+)**

Der Onlinehandel hat sich in den letzten Jahren stark gewandelt und weiterentwickelt. Hier sind einige der bemerkenswertesten Veränderungen:

1. Zunahme der mobilen Nutzung: Mit der Verbreitung von Smartphones und Tablets ist die Nutzung von mobilen Geräten für den Onlinehandel stark angestiegen. Immer mehr Menschen kaufen Produkte und Dienstleistungen über ihre mobilen Geräte.

2. Personalisierung und Kundenerfahrung: Onlinehändler haben erkannt, wie wichtig es ist, ein personalisiertes Einkaufserlebnis anzubieten. Durch die Verwendung von Datenanalyse und künstlicher Intelligenz können sie individuelle Empfehlungen und maßgeschneiderte Angebote für ihre Kunden erstellen.

3. Soziale Medien als Verkaufsplattform: Soziale Medien haben sich zu leistungsstarken Verkaufsplattformen entwickelt. Unternehmen können über Plattformen wie Facebook, Instagram und Pinterest ihre Produkte direkt vermarkten und verkaufen.

4. Verstärkte Nutzung von Sprachassistenten: Mit dem

Aufkommen von Sprachassistenten wie Alexa, Siri und Google Assistant wird auch das Einkaufen über Sprachbefehle immer beliebter. Verbraucher können Produkte per Sprachsuche finden und direkt über ihre intelligenten Lautsprecher bestellen.

5. Einführung neuer Zahlungs- und Lieferoptionen: Onlinehändler bieten zunehmend flexible Lieferoptionen an, um den Bedürfnissen der Kunden gerecht zu werden. Dazu gehören Same-Day-Delivery, Lieferung an Abholstationen oder Paketboxen sowie Lieferung am selben Tag.

Diese Variabilität erlaubt es Unternehmen noch besser auf Kundenbedürfnisse einzugehen und zum Beispiel sehr spezielle Sonderwünsche zu erfüllen. Auch optionale Zahlungsmöglichkeiten haben die Flexibilität der Kunden deutlich erhöht. Die Integration von Zahlungsmöglichkeiten über sehr unterschiedliche Zahlungsdienstleister hat den Komfort weiter gesteigert und Kaufabbrüche noch einmal reduziert.

6. Wachstum des Marktplatzmodells: Marktplätze wie Amazon, eBay und Alibaba haben starken Zulauf bekommen. Viele Händler nutzen diese Plattformen, um ihre Produkte einem breiten Publikum anzubieten und von deren etabliertem Kundenstamm und Logistiknetzwerk zu profitieren.

Damit haben sich erfolgreiche Marktplatzkonzepte auch auf andere Onlineanbieter übertragen. Auch Marken wie deutsche Onlinehändler wie Otto bieten ähnliche Händlerfunktionen wie Amazon an. Damit hat sich nicht nur die Zahl der Onlineshops, sondern auch der Umfang der Onlineplattformen deutlich vergrößert.

Diese Entwicklungen zeigen, dass der Onlinehandel immer flexibler, personalisierter und bequemer wird, um den Bedürfnissen der Verbraucher gerecht zu werden. Als

Folge dieser Veränderungen ist der E-Commerce zu einem bedeutenden und wachsenden Teil der globalen Wirtschaft geworden.

1.2 Daran scheitern viele E-Commerce Händler

Obwohl E-Commerce ein großes Potential verspricht, gibt es auch zahlreiche Probleme und Herausforderungen. Wer sich am Markt etablieren will, sollte sich daher im Vorfeld mit den umfangreichen Problemen des Onlinehandels auseinandersetzen. Denn auch dieses Geschäftsmodell bietet keine automatische Erfolgsgarantie. Vielmehr müssen sich Unternehmer im Vorfeld auf zahlreiche Eventualitäten vorbereiten und Kernherausforderungen frühzeitig erkennen und bewältigen.

Denn auch im E-Commerce scheitern viele Anbieter schon nach wenigen Jahren. Wenn man die Zahl der Neugründungen betrachtet, scheitern auf Dauer sogar 9 von 10 Startups. 10% der Neugründungen scheitern schon nach dem ersten Jahr.[1] Diese Entwicklung bringt gerade Anfänger zum Nachdenken. Daher wird in diesem Kapitel der Fokus zunächst auf die negativen Seiten des E-Commerce gelenkt.

Welche allgemeinen Probleme im E-Commerce gibt es?

Im E-Commerce gibt es verschiedene Probleme, mit denen Unternehmen konfrontiert werden können. Hier sind einige Beispiele:

1. Sicherheit: Eines der größten Probleme im E-Commerce ist die Sicherheit. Kunden sind besorgt über den Schutz ihrer persönlichen und finanziellen Daten, insbesondere bei der Eingabe von Kreditkartendaten oder beim Online-Banking. Unternehmen müssen daher sicherstellen, dass ihre Websites und Zahlungsabwicklungsprozesse sicher sind, um das

Vertrauen der Kunden nicht zu verlieren.

2. Betrug: Betrug ist ein weiteres großes Problem im E-Commerce. Cyberkriminelle nutzen verschiedene Methoden, um Unternehmen und Kunden zu betrügen, etwa durch **gefälschte Websites**, **gestohlene Kreditkartendaten** oder **gefälschte Produkte**. Unternehmen müssen daher Mechanismen implementieren, um Betrug zu erkennen und zu verhindern.

3. Retouren und Umtausch: Im E-Commerce ist es oft schwierig für Kunden, Produkte vor dem Kauf physisch zu begutachten. Dies führt dazu, dass Kunden Produkte zurücksenden möchten, die nicht den Erwartungen entsprechen. Unternehmen müssen effiziente Rückgabeprozesse implementieren, um Kunden zufriedenzustellen und dennoch ihre Rentabilität zu erhalten.

4. Logistik und Lieferung: Die Logistik und Lieferung von Waren ist im E-Commerce ein zentrales Problem. Unternehmen müssen sicherstellen, dass die Produkte sicher und pünktlich zum Kunden geliefert werden. Dies erfordert eine gut organisierte Lieferkette und gute Partnerschaften mit Logistikunternehmen.

5. Wettbewerb: Da der E-Commerce immer beliebter wird, steigt auch der Wettbewerb zwischen den Unternehmen. Unternehmen müssen daher innovative Marketingstrategien entwickeln, um sich von der Konkurrenz abzuheben und Kunden anzulocken.

6. Skalierbarkeit: Der E-Commerce ermöglicht es Unternehmen, ihre Waren und Dienstleistungen weltweit anzubieten. Dies führt jedoch zu Herausforderungen bei der Skalierbarkeit. Unternehmen müssen sicherstellen, dass ihre Technologie und Infrastruktur in der Lage sind, mit dem steigenden Umsatz und den wachsenden Kundenanforderungen Schritt zu halten.

7. Kundenservice: Im E-Commerce ist es oft schwieriger, einen persönlichen Kundenservice anzubieten, wie es in stationären Geschäften der Fall ist. Unternehmen müssen jedoch sicherstellen, dass sie einen effektiven Kundenservice haben, der bei Fragen oder Problemen schnell reagiert.

Diese sind nur einige der Probleme, mit denen Unternehmen zu kämpfen haben können. Es ist wichtig, dass Unternehmen diese Herausforderungen identifizieren und geeignete Maßnahmen ergreifen, um eine erfolgreiche E-Commerce-Präsenz aufzubauen. Wie man am Marktführer Amazon sieht, hat der Onlinegigant mehr als vier der oben genannten Probleme vorbildlich gelöst.

Vor allen in den Bereichen Retouren und Umtausch, Kundenservice, Logistik und Lieferung und Skalierbarkeit, setzt Amazon nach wie vor Maßstäbe und erfüllt die Ansprüche zahlreicher Kunden. Auch Neugründer sollten sich im Klaren sein, welche Anstrengungen erforderlich sind, damit E-Commerce reibungslos laufen und auf höchstem Niveau stattfinden kann.

Welche speziellen Herausforderungen für E-Commerce Gründer gibt es darüber hinaus noch?

1. Vertrauen der Kunden gewinnen: Kunden sind oft skeptisch gegenüber Online-Käufen und haben Sorgen hinsichtlich des Datenschutzes, der Produktqualität und des Kundenservice. Onlinehändler müssen das Vertrauen der Kunden gewinnen, indem sie sichere Zahlungsoptionen, klare Rückgaberichtlinien und transparente Kommunikation bieten. Zudem ist es noch wichtiger eine gute Online-Reputation aufzubauen, damit Kunden das notwendige Vertrauen in die angebotenen Produkte setzen.

2. Online-Marketing: In der Online-Welt gibt es eine Vielzahl von Wettbewerbern, und es kann schwierig sein, aus der Masse herauszustechen. Onlinehändler müssen effektive

Marketingstrategien einsetzen, um ihre Zielgruppe zu erreichen und ihre Produkte oder Dienstleistungen bekannt zu machen. Das Schlagwort lautet in diesem Zusammenhang: Sichtbarkeit. Denn nur, wenn Kunden auf Ihre Angebote aufmerksam werden, kann Ihr Umsatz steigen.

3. **Technische Infrastruktur:** Eine solide technische Infrastruktur ist unabdingbar für den Erfolg im E-Commerce. Onlinehändler müssen sicherstellen, dass ihre Websites schnell, sicher und benutzerfreundlich sind. Ein langsamer oder fehlerhafter Website-Auftritt kann Kunden abhalten und zu einem niedrigeren Umsatz führen.

4. **Lagerhaltung und Bestandsverwaltung:** Die Lagerhaltung und Bestandsverwaltung kann eine Herausforderung für Onlinehändler sein. Ein zu hoher Bestand kann zu hohen Lagerkosten führen, während ein zu niedriger Bestand zu verpassten Verkaufschancen führen kann. Onlinehändler müssen effiziente Systeme für die Lagerhaltung und Bestandsverwaltung implementieren, um die Kosten zu optimieren und die Kundennachfrage zu erfüllen.

5. **Internationale Expansion:** Die Expansion in neue Märkte kann eine Herausforderung darstellen. Onlinehändler müssen möglicherweise ihre Produktangebote, Marketingstrategien und Logistik an die Bedürfnisse der neuen Märkte anpassen. Die Hinzufügung von Mehrsprachigkeit, lokalen Währungen und angepassten Versandoptionen kann erforderlich sein, um international erfolgreich zu sein.

Die Punkte machen es ganz gut deutlich! E-Commerce ist eine große Herausforderung, die sich nicht einfach mit leichten Tipps und Tricks lösen lässt. Es geht vielmehr, um wichtige Erfahrungen und gute Vorbereitungen, die ein gutes Ergebnis im Verkauf wahrscheinlicher machen.

Wenn Sie die Probleme in der Liste nicht ernst nehmen,

werden Sie in Zukunft kaum Erfolg im E-Commerce haben können. Denn genau diese Herausforderungen gilt es im E-Commerce bestens zu bewältigen. Am besten schaffen Sie es, ein Angebot auf den Markt zu bringen, das in vielen Belangen, den Wettbewerbern überlegen ist. Denn ansonsten ist die Wahrscheinlichkeit groß, dass die Konkurrenz überzeugt und die eigenen Produkte am Markt unsichtbar bleiben. Dann kann die große Chance E-Commerce bald zum Scheitern verurteilt sein.

Daher hier einige Gründe, warum viele Onlineshops keinen langfristigen Erfolg sichern können.

1. Schlechtes Produktsortiment[2]: Ein Onlineshop kann scheitern, wenn er Produkte anbietet, für die es keine ausreichende Nachfrage gibt oder die von minderwertiger Qualität sind. Es ist wichtig, eine Marktnische zu finden und ein Produktangebot anzubieten, das einen Mehrwert für die Kunden bietet. **Hier lautet das Schlagwort** Produkt-Markt-Passgenauigkeit. Nur Unternehmen, die marktangepasste Produkte anbieten, können auch in der wettbewerbsintensiven Umgebung überleben.

2. Mangelnde Marketingstrategie: Ein Mangel an effektiven Marketingaktivitäten kann dazu führen, dass der Onlineshop nicht genügend Traffic und Umsatz generiert. Es ist wichtig, eine umfassende Marketingstrategie zu entwickeln und verschiedene Kanäle wie Suchmaschinenoptimierung (SEO), Social Media Marketing, bezahlte Werbung und E-Mail-Marketing zu nutzen.

3. Mangelnde Zielgruppenfokussierung: Ein anderer Grund für das Scheitern von Onlineshops ist eine mangelnde Fokussierung auf die Zielgruppe. Es ist wichtig, die Bedürfnisse und Wünsche der Zielgruppe zu verstehen und das Produktangebot entsprechend anzupassen.

4. Schlechte Benutzererfahrung: Eine unzureichende Benutzererfahrung kann dazu führen, dass Kunden den Onlineshop verlassen und nicht mehr zurückkehren. Dazu gehören langsame Ladezeiten der Website, eine unübersichtliche Benutzeroberfläche und ein umständlicher Bestellprozess.

5. Fehlende Kundenbindung: Die Kundenbindung ist entscheidend für den Erfolg eines Onlineshops. Wenn Kunden nicht wiederkommen oder keine positiven Bewertungen und Empfehlungen abgeben, kann dies zu einem sinkenden Kundenzustrom führen. Es ist wichtig, Kunden durch einen guten Kundenservice, personalisierte Angebote und Marketingaktionen zur Wiederholungskäufen zu ermutigen.

6. Mangelnde Skalierbarkeit: Ein weiterer Grund, warum Onlineshops scheitern können, ist eine unzureichende Skalierbarkeit der Geschäftsprozesse. Wenn der Onlineshop sich nicht erfolgreich an ein wachsendes Geschäftsvolumen anpassen kann, kann dies zu Engpässen und Kundendienstproblemen führen.

7. Fehlende Finanzierungsmöglichkeiten[3]: Ein weiterer entscheidender Grund für ein Scheitern sind die Finanzen. Zahlreiche Startups – knapp die Hälfte - scheitern, weil Sie auch nicht ausreichend auf die eigene Finanzierung achten. Die solide Finanzplanung kann daher eine wichtige Rolle spielen, um ein vorzeitig oder sogar besonders frühes Scheitern zu verhindern.

Es ist wichtig zu beachten, dass dies nur einige der möglichen Gründe sind, warum Onlineshops scheitern können. Jeder Onlineshop ist einzigartig und kann unterschiedlichen Herausforderungen gegenüberstehen. Es erfordert eine gründliche Planung, strategisches Denken und kontinuierliche Anpassungen, um einen erfolgreichen Onlineshop zu betreiben.

1.3 Die Rolle der Branche bei der Produktwahl

E-Commerce ist nicht gleich E-Commerce. Branchen haben sehr unterschiedliche Erfolgsaussichten und können nicht miteinander verglichen werden. Wer sich für ein Onlinebusiness entscheidet, sollte bei der Produktsuche nicht gleich mit Einzelprodukten beginnen, sondern zunächst weitere Informationen zu Branchen und Umsätzen einholen, um vielleicht schon im Vorfeld ein besseres Marktumfeld zu erwischen.

1. **Elektronik:** Der Verkauf von elektronischen Geräten wie Smartphones, Laptops, Fernsehern und Zubehör ist ein dominierender Bereich im E-Commerce. Mit einem Anteil von 23,9% und ca. 20,7 Mrd € (2021)[4]

2. **Bekleidung und Mode:** Der Online-Handel mit Kleidung, Schuhen und Accessoires ist sehr beliebt und etabliert. Viele Einzelhändler und Modemarken haben eigene Online-Shops. Die Anteil lagen bei 23,1% am Gesamtmarkt und 20,0 Mrd. €.

3. **Möbel und Einrichtungsgegenstände:** Der Online-Verkauf von Möbeln und Einrichtungsgegenständen ist auf dem Vormarsch. Kunden können Produkte online auswählen und bequem nach Hause liefern lassen. 8,7 Mrd € und 10,0% Marktanteil sprechen eine deutliche Sprache.

4. **Lebensmittel und Getränke:** Der E-Commerce im Lebensmittel- und Getränkesektor ist im Aufwind. Kunden können online frische Lebensmittel, Getränke und Spezialitäten bestellen und liefern lassen. Der Anteil der FMCG lag bei 9,7% und 11,2 Mrd €.

5. **Schönheits- und Körperpflege:** Kosmetikprodukte, Beautyartikel und Körperpflegeprodukte werden immer

häufiger online gekauft. Viele Marken bieten ihre Produkte über eigene Online-Shops oder Plattformen an. Mit 5 Mrd € und 5,8% Marktanteil ein beliebter Trend im Onlineshopping.

6. Bücher und Medien: Der Online-Verkauf von Büchern, eBooks, Musik, Filmen und anderen Medien ist seit langem etabliert. Viele Bücherläden sind heute hauptsächlich online präsent.

7. Sportartikel: Der Verkauf von Sportartikeln über E-Commerce-Plattformen und Online-Shops ist ein wachsender Markt. Kunden können Sportbekleidung, Ausrüstung und Zubehör bequem online bestellen. Mit 14,7% und 12,8 Mrd. € Umsatz

8. Haushaltsgeräte und Haushaltswaren: Auch der Verkauf von Haushaltsgeräten wie Kühlschränken, Waschmaschinen oder Mikrowellen sowie Haushaltswaren wie Töpfen und Pfannen oder Besteck erfolgt zunehmend online.

Diese Liste ist nicht abschließend, da es viele weitere Branchen gibt, die sich ebenfalls für den E-Commerce eignen. Generell lässt sich sagen, dass Online-Shopping für viele Produkte und Dienstleistungen immer beliebter wird und somit in den meisten Branchen eine Option darstellt.
Dennoch zeigt die Aufstellung auch, dass im E-Commerce bestimmte Branchen wie Elektroartikel, Sportartikel und Bekleidung einen deutlichen Umsatzvorteil gegenüber anderen Branchen mitbringen. Daher empfiehlt sich auch eine sorgsame Produktauswahl im Vorfeld. Wer sich zum Beispiel für Schmuck begeistert und diesen Online verkaufen will, sollte vorher berücksichtigen, dass nur ca.

Onlinevertrieb kann sehr erfolgreich sein. Viele gescheiterte Onlinebetriebe mussten aber bereits feststellen, dass eine fehlende Reichweite und fehlende Kunden nicht zu ausreichenden Umsätzen geführt haben. Auch diese Entwicklung hat mich auf einige Entwicklungen aufmerksam gemacht.

- Wie können Sie Ihren Vertrieb optimieren?
- Welche Produkte sollen Sie verkaufen?
- Wie werden Sie von Kunden erfolgreich gefunden und wie sprechen Sie Ihre Zielgruppe individuell an?

All diese Aspekte sind wichtig, wenn es um eine umfassende Online-Marketing Strategie und einen optimalen Onlinehandel geht. Der Weg Ihrer Kunden zu Ihrem Angebot sollte daher möglichst einfach sein. Generell sollte beachtet werden, dass Ihr E-Commerce Angebot auf unterschiedlichen Wege angepriesen werden kann. Hier nur einige exemplarische Beispiele:

1. **Suchmaschinen:** Suchmaschinen wie Google sind eine der Hauptquellen, um nach Produkten und Dienstleistungen zu suchen. Kunden geben in die Suchmaschine relevante Schlüsselwörter ein und erhalten eine Liste von Websites und Produkten, die ihren Suchbegriffen entsprechen.

2. **Soziale Medien:** Plattformen wie Facebook, Instagram oder Pinterest haben heute eine große Bedeutung für das Entdecken neuer Produkte. Über gesponserte Beiträge, Werbeanzeigen oder Influencer-Marketing werden den Nutzern gezielt Produkte und Angebote präsentiert.

3. **E-Mail-Marketing:** Unternehmen nutzen E-Mail-Marketing, um ihre Kunden über neue Produkte, Angebote oder Rabatte zu informieren. Durch personalisierte Newsletter oder E-Mail-Kampagnen werden Kunden auf Produkte aufmerksam gemacht.

4. **Marktplätze:** Online-Marktplätze wie Amazon, eBay oder Alibaba sind beliebte Plattformen, auf denen Kunden nach Produkten suchen und diese kaufen können. Marktplätze bieten eine große Auswahl an Produkten und dienen als zentraler Anlaufpunkt für viele Kunden.

5. Preisvergleichsseiten: Kunden nutzen Websites wie Idealo, Geizhals oder Google Shopping, um Preise und Angebote für bestimmte Produkte zu vergleichen. Dadurch können sie leicht nach den besten Angeboten suchen und auf Produkte aufmerksam werden.

6. Werbung: Online-Werbung in Form von Bannern, Pop-ups oder Videoanzeigen auf Websites und Social-Media-Plattformen lenkt die Aufmerksamkeit der Kunden auf bestimmte Produkte oder Unternehmen.

7. Empfehlungen und Bewertungen: Kunden verlassen sich oft auf Bewertungen und Empfehlungen anderer Kunden, um Produkte zu entdecken. Kundenbewertungen, Rezensionen in Blogs oder auf Youtube sowie Mundpropaganda tragen dazu bei, dass Kunden auf Produkte aufmerksam werden. Zudem sorgen Bewertungen dafür, dass die positive Kaufentscheidung des Kunden bekräftigt wird. Es ergibt sich also eine positive Verstärkung, die gerade bei fehlendem Vertrauen, den Kaufvorgang beschleunigen kann.

- Wie entsteht der optimale Sales Funnel?
- Wie und wo finde ich die richtigen Kunden?
- Wie finden Kunden Ihre Produkte?

Kunden finden Ihre Produkte auf sehr unterschiedliche Weise. Es kann daher sein, dass Sie manchmal im Online Marketing einfach auf den falschen Vertriebskanal gesetzt haben. Es kann also ein gutes Produkt sein, dass Sie einfach im falschen Store anbieten. Vielleicht erreichen Sie nicht die Kunden, die zahlungswillig sind? Vielleicht erreichen Sie nur Kunden, die zwar zahlungswillig sind, aber Ihr Produkt nicht gut genug finden. Hier gilt es also Produkt und Kunden zusammen zu bringen und langfristig eine Zielgruppe zu finden, die mit Ihnen zufrieden ist. Denn nur wenn Sie es schaffen, Erwartungen zu erfüllen oder zu übertreffen werden Sie langfristig auch erfolgreich sein.

Dieses Matching war schon jahrelang eine Herausforderung im Vertrieb und wurde besonders in kundenzentrierten Marketingschulen lange gepredigt. Es geht also um das optimale zusammenbringen von Kundennutzen und Produktangebot. Wenn diese Faktoren möglichst optimal zusammenpassen, werden Sie in Zukunft auch erfolgreich sein. Verlassen Sie sich auf eine bessere Abstimmung und seien Sie bemüht Ihre Kunden zu verstehen. Dabei sollte auch eine optimale Vertriebsmöglichkeit stattfinden.

1.4 Neue Trends im E-Commerce 2024

Das E-Commerce Business hat sich wie beschrieben gewandelt. Nach der Coronakrise haben sich zudem neue Shopping Gewohnheiten etabliert. Welche Trends haben sich aber im Online-Shopping durchgesetzt. Hier einige allgemeine Entwicklungen, die sich konkret abzeichnen und bereits im Alltag angekommen sind. Zudem drängt sich die Frage auf, welche neuen Entwicklungen bereits von AI-Tools geprägt und verändert werden? Hier einige grundlegende Trends im Jahr 2024 und darüber hinaus....

1. Omnichannel Marketing: Die Verzahnung der Angebote wird effizienter

Vor COVID-19 waren Omnichannel-Kapazitäten eher eine Bereicherung als ein Muss. Jetzt hingegen ist das Gegenteil der Fall – die Pandemie hat klar aufgezeigt, dass potenzielle Kunden Angebote in allen möglichen Formaten und Kanälen erreichen wollen. Ob Social Media, Website, App oder Geschäft Vorort: Aktivitäten sollen möglichst verbunden und barrierefrei zugänglich sein, D.h. auch, dass Angebote auf vielen Wegen erreichbar sein sollen.

Das bedeutet, dass E-Commerce durch die enge Verzahnung mit Social-Media Verkaufsmöglichkeiten hergibt, ergo auch einen Verkaufs- oder Abholpunkt bieten wird

Wie sieht dies konkret aus? In der Post-Pandemie-Zeit ist festzustellen, dass eine Zunahme von Diensten wie BOPIS (buy online, pick up in-store), Online kaufen, Abholung im stationären Handel und BORIS (buy online, return in-store) Online kaufen – Umtausch im stationären Handel mittlerweile gängige Praxis ist. Auch andere Kombinationen aus physischem und digitalem Verkauf und Abholung sind denkbar.

Der E-Commerce wird sich künftig wohl noch mehr an den physischen Handel heran nähern. Aber auch das traditionelle Ladengeschäft wird in absehbarer Zeit tiefer in die digitale Welt einsteigen, um den veränderten Ansprüchen der Kunden gerecht zu werden.

2. Social Commerce ist auf dem Vormarsch
Instagram, Facebook, YouTube und Co.: Social Media ist für den Verkauf von Produkten und Dienstleistungen nunmehr zum Industriestandard geworden.

Das ist eine nicht mehr so neue Realität, mit der viele Kleinunternehmer noch immer zurechtkommen müssen. Denn auch der Verkauf über Facebook oder Instagram will gelernt sein – ob Storytelling, Seeding-Strategie oder Online-Marketing. Dies sind nur einige Beispielfelder, die es zu beachten gilt.

Tatsächlich sind die sozialen Medien mit Informationen, Kommentaren und Inhalten derart überflutet, dass es manchmal eine entmutigende und auch schwierige Aufgabe ist, den richtigen Platz als Marke zu finden.

3. Künstliche Intelligenz und Machine Learning verstärkt im Fokus

Künstliche Intelligenz (Artificial Intelligence) und maschinelles Lernen (Machine Learning) (AI/ML) sind die Trends schlechthin in allen Bereichen – Ob Berufsleben, Online-Handel oder sogar im Privatleben: Ohne AI/ML kommen wir nicht mehr aus.

Im Online-Einzelhandelsuniversum ist das nicht anders. Sowohl KI als auch ML werden in allen Bereichen des E-Commerce-Einzelhandels ausgiebig getestet und praktisch eingesetzt. Praktische Einsatzgebiete sind zum Beispiel Produktvorschläge auf Handelsplattformen, Bild und Textgeneratoren für Werbezwecke und vieles mehr.

Auch wird KI zur Vorhersage möglicher Verhaltensänderungen bei Kunden bis hin zur Förderung des Verkaufs wiederkehrender Produkte eingesetzt.

Und was das maschinelle Lernen betrifft, so sind die Optimierung der Preisgestaltung, die Vorhersage des Omnichannel-Marketings sowie die Optimierung und Vorhersage der Logistik nur einige der aktuellen weltweiten Anwendungen von ML zur Verbesserung von Online-Einzelhandelsmarken.

5. Visual und Voice Search im E-Commerce

Die visuelle Suche ist eine Methode in der Suchfunktion, bei der nach Inhalten unter Verwendung von Bildern gesucht wird. Das derzeit bekannteste und am weitesten verbreitete ist die Google Bildersuche.

Nutzern ermöglicht es, ein Bild in eine „visuelle" Suchmaschine oder Anwendung hochzuladen und verwandte Inhalte zu finden. Die Ergebnisse werden ebenfalls in einem fotografischen Format aufgezeigt.

Die KI (künstliche Intelligenz) hat es geschafft, Algorithmen zu entwickeln, die eine Bildersuche ermöglichen. Sie ist in der Lage zu erkennen, welche Elemente in dem vom Nutzer hochgeladenen Foto vorkommen, und vergleicht diese mit den in ihrer Datenbank indizierten Bildern. Anschließend bietet die KI eine Liste von Ergebnissen an, die mit den Merkmalen des Bildes übereinstimmen.

Auf der Grundlage dieser Technologie experimentieren viele Unternehmen und Marken bereits mit der möglichen Lead-Generierung und Verkäufen, die sich aus der Bildersuche ergeben. Und wenn wir dies mit der aufkommenden Technologie der intelligenten Brillen kombinieren, dann haben wir ein mächtiges Marketinginstrument!

Voice Commerce ist die Möglichkeit, Online-Einkäufe nur mit der Stimme und einem kompatiblen smarten Gerät wie einem Mobiltelefon, einer Freisprecheinrichtung oder einem virtuellen Assistenten zu tätigen.

Wie sein Gegenstück, die Visual Search, ermöglicht Voice Commerce dem Nutzer, mithilfe von Sprachbefehlen und innerhalb einer Suchmaschine, die Sprachsuche und -ergebnisse zulässt, nach einem bestimmten Ergebnis zu suchen.

Einige der bekanntesten Beispiele für Sprachsuchmaschinen sind vielleicht Apples Siri, Amazons Alexa, Cortana von Microsoft und der Google Assistant.

KAPITEL 2: IN 24H „SCHRITT FÜR SCHRITT" ZUM EIGENEN BUSINESS

Wer sich fest vorgenommen hat, ein eigenes E-Commerce Business zu starten, muss an zahlreiche Dinge denken und frühzeitig Entscheidungen treffen.

Auch wenn es tatsächlich viel Zeit und Anstrengungen kostet, ein E-Commerce aufzubauen, können schon in einigen Stunden, wichtige Frage zielführend und gewinnbringend beantwortet werden.

- Welche Medien sollen zur Vermarktung eingesetzt werden?
- Wie viel Budget soll in das neue E-Commerce Business fließen?
- Welche Fähigkeiten sind notwendig, um das E-Commerce Business erfolgreich zu starten
- Wie können gerade in der Einführungsphase der ersten Produkte Kunden gewonnen werden?

2.1 Die richtige Produktwahl

Wenn Du schon bald in den E-Commerce einsteigen willst, kommen unterschiedliche Produkt in Frage.

Es gibt verschiedene Produkte, die für einen schnellen Einstieg in ein E-Commerce-Business in Frage kommen. Hier sind einige Beispiele:

1. **Drop-Shipping:** Bei dieser Methode können Produkte direkt beim Hersteller oder Lieferanten bestellt und an den Kunden versandt werden, ohne dass Sie physische Lagerbestände halten müssen.
2. **Private Labeling:** Hierbei können Sie Produkte von Herstellern kaufen, Ihr eigenes Markenlabel darauf anbringen und sie unter Ihrer Marke verkaufen.
3. **Digitale Produkte:** Digitale Produkte wie E-Books, Online-Kurse, Software oder Musik können direkt über das Internet verkauft und heruntergeladen werden.
4. **Handgemachte oder individuell gestaltete Produkte:** Wenn Sie handgemachte oder individuell gestaltete Produkte herstellen können, können Sie diese über Ihren Online-Shop verkaufen.
5. **Nischenprodukte:** Produkte, die auf eine bestimmte Zielgruppe oder Nische ausgerichtet sind, können eine gute Möglichkeit sein, sich von der Konkurrenz abzuheben und einen spezifischen Markt anzusprechen.

Nicht immer ist im Vorfeld klar, welches Produkt in Frage kommt. Wenn noch kein Produkt vorhanden ist, stellt das aber nicht grundsätzlich ein Hindernis dar. Digitale Produkte können grundsätzlich in einigen Wochen produziert und vermarktet werden. Genauso sieht es bei der Produktion von handgemachten Produkten aus. Wer Talent hat, kann durchaus bestimmte Produkte in Eigenregie erstellen und dann erfolgreich verkaufen.

2.2 Wie finde ich das richtige Produkt für den aktuellen Markt?

Wenn die Entscheidung für eine bestimmte gefallen ist, sollte konkret nach einem bestimmten Produkt Ausschau gehalten werden. Hier wird allerdings schnell klar, dass die Suche durchaus länger dauern kann.

Denn es gilt, vorher grundlegende Prüfungen vorzunehmen, damit das neue Produkt eine Chance am Markt hat. Dazu sollten auch die Bedürfnisse und Vorlieben der Zielgruppe genauer betrachtet werden

Hier sind einige Schritte, die Ihnen bei der Suche nach dem richtigen Produkt hilfreich sein können

1. **Marktforschung:** Führen Sie eine umfassende Marktforschung durch, um den aktuellen Markt zu verstehen. Analysieren Sie die demografischen Daten, Wettbewerber, Trends und Bedürfnisse der Zielgruppe.

2. **Zielgruppenanalyse:** Stellen Sie sicher, dass Sie Ihre Zielgruppe genau kennen. Analysieren Sie ihre Bedürfnisse, Vorlieben, Einkommen, demografische Daten und Verhaltensweisen, um festzustellen, welche Art von Produkt sie suchen.

3. **Identifizieren Sie Nischen:** Suchen Sie nach unerfüllten Bedürfnissen oder Nischen in Ihrem Marktsegment. Finden Sie heraus, welche Probleme oder Wünsche Ihre Zielgruppe hat, die noch nicht ausreichend bedient werden.

4. **Ideengenerierung:** Generieren Sie Ideen für potenzielle

Produkte, die den Bedürfnissen der Zielgruppe gerecht werden. Berücksichtigen Sie dabei auch aktuelle Trends und technologische Entwicklungen.

5. Bewertung der Machbarkeit: Prüfen Sie die Machbarkeit jeder Produktidee hinsichtlich Produktentwicklung, Produktion, Vertrieb und Rentabilität. Analysieren Sie die Kosten, mögliche Risiken und den potenziellen Gewinn.

6. Prototypenentwicklung und Test: Entwickeln Sie Prototypen der vielversprechendsten Produktideen und testen Sie sie auf ihre Funktionalität, Gebrauchstauglichkeit und Akzeptanz bei der Zielgruppe.

7. Anpassungen vornehmen: Analysieren Sie das Feedback der Zielgruppe zu den Prototypen und nehmen Sie gegebenenfalls Anpassungen vor, um das Produkt weiter zu verbessern.

8. Markteinführung und Vermarktung: Wenn Sie das richtige Produkt gefunden haben, entwickeln Sie eine Marketingstrategie, um Ihr Produkt erfolgreich zu positionieren, zu bewerben und zu verkaufen.

Es ist wichtig, während des gesamten Prozesses flexibel zu bleiben und sich auf die Bedürfnisse und Reaktionen des Marktes einzustellen. Verwenden Sie auch Feedback und Bewertungen von Kunden, um das Produkt kontinuierlich zu verbessern.

2.3 Die entscheidende Rolle der Produktqualität

Wichtig bleibt in jedem Bereich die Qualität. Investieren Sie in jedem Fall in hochwertige Produkte, denn das zahlt sich später aus. Hochwertige Produkte verkaufen sich, auch wenn Sie keine Werbung schalten.

Zudem sendet die Qualität Ihrer Angebote ein Signal an die Kunden, die sich freuen und Ihnen vielleicht sogar gutes Feedback geben. Zufriedene Kunden sind gerade im Onlinehandel Gold wert.

Denn die positiven Kundenmeinungen ziehen Folgekunden an und sorgen für anhaltende Umsätze.
Auch wenn qualitativ-hochwertige Produkte in der Beschaffung vielleicht teurer sind, lohnt sich der zusätzliche Aufwand in der Regel eher. Denken Sie daran, dass Sie nur ein wettbewerbsfähiges Produkt erfolgreich und glaubwürdig vermarkten können.

Das gilt insbesondere dann, wenn Sie Ihr Angebot auf einer Marktplattform wie Amazon anbieten wollen.
Im Gegenzug wird ein günstiges Produkt zwar in der Beschaffung Kosten einsparen, beim Verkauf aber später möglicherweise viel größere Probleme bereiten, wenn Kunden unzufrieden sind oder nicht bereit sind, den entsprechenden Preis zu bezahlen.

2.4 Die Wahl der Verkaufsplattform

Steht die Produktwahl endgültig fest, kann die Vermarktungsplattform gewählt werden. Dabei steht zunächst die Frage im Vordergrund, ob die Produkte auf eine Handelsplattform wie Amazon oder Ebay verkauft werden sollen oder ob ein eigener Onlineshop den Verkauf gewährleisten soll. Beide Verkaufsmodelle haben Vor- und Nachteile. Hier folgen einige wesentliche

Die Wahl zwischen einem eigenen Onlineshop und dem Verkauf über Amazon oder einer anderen Verkaufsplattform wie Ebay, Otto oder Etsy hat Vor- und Nachteile, die von Ihren spezifischen Zielen und Bedürfnissen abhängen.

Hier sind einige dieser Vor- und Nachteile:

Vorteile Des Eigenen Onlineshops

- **Unabhängigkeit:** Mit einem eigenen Onlineshop haben Sie die volle Kontrolle über Ihr Geschäft und können Ihren Shop nach Ihren Vorstellungen gestalten.
- **Branding**: Sie können Ihre Marke aufbauen und fördern, indem Sie Ihre eigenen Markenbotschaften und -werte kommunizieren.
- **Flexibilität:** Sie haben die Möglichkeit, verschiedene Marketing- und Vertriebsstrategien zu nutzen und diese je nach Bedarf anzupassen.
- **Direkter Kundenkontakt:** Über Ihren Onlineshop haben Sie direkten Zugang zu Kundenfeedback und können persönlichen Kundenservice bieten.

Nachteile Des Eigenen Onlineshops:

- **Marketing und Traffic:** Im Gegensatz zu Amazon müssen Sie Ihre eigene Marketingstrategie entwickeln, um Besucher auf Ihren Shop zu leiten.
- **Technisches Know-how:** Sie benötigen möglicherweise technische Fähigkeiten, um Ihren Shop einzurichten und zu verwalten.
- **Vertrauen aufbauen:** Als neuer Shop muss man das Vertrauen der Kunden gewinnen, was Zeit und Mühe erfordern kann.
- **Logistik und Kundenservice:** Sie sind für die Logistik und den Kundenservice verantwortlich, was zusätzlichen Aufwand bedeuten kann.

Vorteile Des Amazon-Handels

- **Großer Kundenstamm:** Amazon hat eine riesige Nutzerbasis, was bedeutet, dass Sie potenziell mehr Kunden erreichen können.
- **Marktplatzsichtbarkeit:** Amazon investiert viel in Marketing und Werbung, was die Sichtbarkeit Ihrer Produkte erhöhen kann.
- **Logistik und Kundenservice:** Amazon bietet mit Fulfillment by Amazon (FBA) einen Warehousing- und Versandservice, der die Logistik vereinfachen kann.
- **Vertrauen und Glaubwürdigkeit:** Durch den Verkauf auf Amazon profitieren Sie vom guten Ruf und Vertrauen, das Kunden in die Plattform haben.

Nachteile Des Amazon-Handels

- **Konkurrenz:** Der Wettbewerb auf Amazon ist hoch, und es kann schwierig sein, sich von anderen Verkäufern abzuheben.
- **Gebührenstrukturen:** Amazon erhebt verschiedene Gebühren für den Verkauf auf der Plattform, die sich auf Ihre Gewinnspanne auswirken können.
- **Branding-Beschränkungen:** Sie haben weniger Kontrolle über Ihre Marke auf Amazon und müssen den Marktplatzrichtlinien folgen.
- **Abhängigkeit von einer Plattform:** Wenn sich die Richtlinien von Amazon ändern oder Ihr Konto gesperrt wird, kann dies Ihr Geschäft beeinträchtigen.

Letztendlich hängt die Wahl zwischen einem eigenen Onlineshop und dem Verkauf auf Amazon oder Ebay von Ihren Geschäftszielen, Ihrem Budget, Ihren Kenntnissen und Ihren Ressourcen ab.

Einige Unternehmen entscheiden sich möglicherweise für eine Kombination aus beiden Optionen, um die Vorteile beider Kanäle zu nutzen. So können Produkte zum Beispiel bei Amazon verkauft und zusätzlich über einen Onlineshop promotet werden.

2.4 Welche Werbung ist im E-Commerce am besten?

Im E-Commerce können verschiedene Arten von Online-Werbung genutzt werden, um den Umsatz und die Sichtbarkeit eines Unternehmens zu erhöhen. Einige der effektivsten Online-Werbemaßnahmen im E-Commerce sind:

- **Suchmaschinenmarketing (SEM):** Durch die Verwendung von Google AdWords oder anderen Suchmaschinenanzeigen können Unternehmen ihre Produkte oder Dienstleistungen in den Suchergebnissen platzieren und so relevante Zielgruppen ansprechen. Die klassischen Google Ads haben einen weiteren Vorteil. Die gute Platzierung sorgt schnell für eine sehr hohe Aufmerksamkeit. Die eigenen Produkte werden also schnell von potentiellen Kunden wahrgenommen. Dennoch ist SEM nicht die Optimallösung auf lange Sicht. Schließlich fallen Kosten für die Werbeschaltung an, die auf Dauer den Gewinn deutlich schmälern.

- **Suchmaschinenoptimierung (SEO):** Durch die Optimierung der Website für Suchmaschinen können Unternehmen ihre organische Sichtbarkeit verbessern und mehr qualifizierten Traffic auf ihre Website leiten. Aber Vorsicht: Suchmaschinen Updates tragen dazu bei, dass die Inhalte permanent aktualisiert werden müssen. Es besteht also in der Produktbearbeitung ständiger Pflegebedarf.

- **Bannerwerbung:** Werbebanner in verschiedenen Formaten (z.B. Displayanzeigen) können auf relevanten Websites oder sozialen Medien geschaltet werden, um potenzielle Kunden anzusprechen.

Hier kommen allerdings eher thematisch passende Websites in Frage. Ansonsten sind die Kunden zu weit von den jeweiligen Produkten entfernt.

- **Social-Media-Werbung:** Durch das Schalten von Anzeigen auf sozialen Medienplattformen wie Facebook, Instagram oder LinkedIn können Unternehmen eine große Zielgruppe erreichen und gezielt Werbung für ihre Produkte oder Dienstleistungen schalten.
- **E-Mail-Marketing:** Das Versenden von gezielten E-Mail-Kampagnen an Kunden und potenzielle Kunden kann dabei helfen, die Aufmerksamkeit auf Produkte oder Sonderangebote zu lenken und den Umsatz zu steigern.
- **Influencer-Marketing:** Durch die Zusammenarbeit mit relevanten Influencern oder Bloggern können Unternehmen ihre Produkte oder Dienstleistungen einer großen Anzahl von Followern präsentieren und deren Kaufentscheidungen positiv beeinflussen.

Es ist wichtig zu beachten, dass die Effektivität der Werbemaßnahmen stark von der Zielgruppe, dem Produkt oder der Dienstleistung sowie dem Budget abhängt. Eine ganzheitliche Strategie, die verschiedene Werbekanäle kombiniert, kann in der Regel die besten Ergebnisse erzielen.

KAPITEL 3: E-COMMERCE 4.0 MIT KÜNSTLICHER INTELLIGENZ (KI)

Welche AI-Tools können bei der Kundengewinnung im E-Commerce hilfreich sein? Dieser Ratgeber soll neue Wege aufzeigen, damit die Kundengewinnung nicht nur erfolgreich verläuft, sondern vorhandene Potentiale der Automatisierung auch von Unternehmern genutzt werden. Wie können Unternehmer effizienter Neukunden gewinnen?

All diese Fragen beschäftigen gerade junge aufstrebende Unternehmen ohne eine Strategie oder eine klare Vorstellung von der jeweiligen Wirkung der eingeschlagenen Maßnahmen zu haben.

3.1 Kundengewinnung mit künstlicher Intelligenz

AI spielt eine wichtige Rolle bei der Kundengewinnung im Internet. Durch den Einsatz von KI-Technologien können Unternehmen effektivere Marketingstrategien entwickeln, personalisierte Kundenerlebnisse bieten und letztendlich mehr potenzielle Kunden erreichen.

In der heutigen Welt des digitalen Marketings ist die Kundengewinnung ein entscheidender Faktor für den Erfolg eines Unternehmens. Mit dem Aufkommen von künstlicher Intelligenz (KI) eröffnen sich neue Möglichkeiten, um potenzielle Kunden zu identifizieren, anzusprechen und langfristig zu binden.

Unternehmen, die KI-gestützte Tools und Strategien zur Kundengewinnung einsetzen, profitieren von effizienteren und präziseren Marketingkampagnen, die auf die Bedürfnisse und Interessen ihrer Zielgruppe zugeschnitten sind.

Die Nutzung von künstlicher Intelligenz für die Kundengewinnung hat sich bereits in verschiedenen Branchen bewährt. Von personalisierten Empfehlungen in E-Commerce-Plattformen bis hin zu intelligenter Lead-Generierung in der Finanzdienstleistungsbranche - KI ermöglicht es Unternehmen, ihr Marketing zu optimieren und die Effektivität ihrer Kundenakquise zu steigern. Durch die Analyse von Daten in Echtzeit können Unternehmen ihre Marketingstrategien kontinuierlich anpassen und verbessern, um potenzielle Kunden mit gezielteren Botschaften anzusprechen und langfristige Kundenbeziehungen aufzubauen.
Überblick über KI in der Geschäftswelt Grundlagen der Kundengewinnung Traditionelle Methoden der Kundengewinnung Herausforderungen bei der

Kundengewinnung

In der heutigen Geschäftswelt hat künstliche Intelligenz (KI) eine immer größere Bedeutung bei der Kundengewinnung. Unternehmen nutzen KI-Technologien, um effizienter zu arbeiten, Daten besser zu analysieren und somit ihre Kunden besser zu verstehen.

Ein bedeutender Aspekt von KI in der Geschäftswelt ist die Personalisierung von Marketingstrategien. Durch die Analyse großer Datenmengen können Unternehmen genau auf die Bedürfnisse und Vorlieben ihrer Kunden eingehen und individuelle Angebote erstellen.

Diese Personalisierung führt zu einer höheren Kundenzufriedenheit und damit zu einer verbesserten Kundengewinnung. Ein weiterer wichtiger Bereich ist die Automatisierung von Prozessen. Unternehmen können mithilfe von KI repetitive Aufgaben automatisieren, um Zeit und Ressourcen zu sparen. Dadurch können Mitarbeiter effektiver eingesetzt werden, um sich auf strategischere Aufgaben zu konzentrieren, die letztendlich zur Kundengewinnung beitragen.

KI wird auch im Bereich des Customer Relationship Managements (CRM) immer häufiger eingesetzt. Unternehmen können mithilfe von KI-Tools Kundenverhalten analysieren, um Vorhersagen über zukünftige Käufe zu treffen. Durch die gezielte Ansprache von Kunden mit relevanten Angeboten können Unternehmen ihre Kundenbindung stärken und neue Kunden gewinnen.

Ein weiterer wichtiger Bereich für KI in der Geschäftswelt ist die Verbesserung des Kundenservice. Chatbots und virtuelle Assistenten können Kundenanfragen effizient bearbeiten und rund um die Uhr zur Verfügung stehen. Dadurch können Kunden schnell und zuverlässig unterstützt werden, was letztendlich zu einer positiven Kundenbeziehung und -gewinnung führt. Darüber hinaus ermöglichen fortschrittliche Analysetechnologien Unternehmen, Trends und Muster im Kundenverhalten zu identifizieren.

Diese Erkenntnisse können genutzt werden, um gezielte Marketingkampagnen zu entwickeln und die Kundenansprache zu optimieren. Auf diese Weise können Unternehmen ihre Position am Markt stärken und neue Kunden gewinnen. Insgesamt bietet künstliche Intelligenz Unternehmen viele Möglichkeiten, ihre Kundengewinnung zu verbessern.

Durch die Nutzung von KI-Technologien können Unternehmen effektiver arbeiten, das Kundenverhalten besser verstehen und gezielt auf die Bedürfnisse ihrer Kunden eingehen. Die Integration von KI in die Geschäftsprozesse wird in Zukunft immer wichtiger, um wettbewerbsfähig zu bleiben und langfristig erfolgreich zu sein.

- **Grundlagen der Kundengewinnung**

Kundengewinnung ist ein entscheidender Prozess für jedes Unternehmen, um das Wachstum zu fördern und neue Märkte zu erschließen.

Dabei kommt es darauf an, potenzielle Kunden auf das Unternehmen aufmerksam zu machen, ihr Interesse zu wecken und sie letztendlich als zahlende Kunden zu gewinnen. Ein effektiver Ansatz zur Kundengewinnung ist die Verwendung von künstlicher Intelligenz (KI), um maßgeschneiderte Marketingstrategien zu entwickeln und das Kundenverhalten präzise vorherzusagen.

Ein wichtiger Schritt bei der Kundengewinnung ist die Identifizierung der Zielgruppe. Mit Hilfe von KI-Technologien können Unternehmen detaillierte Daten über potenzielle

Kunden sammeln und analysieren, um ihre Bedürfnisse, Vorlieben und Verhaltensweisen zu verstehen.

Auf dieser Grundlage können dann personalisierte Marketingbotschaften entwickelt werden, die gezielt auf die individuellen Interessen und Wünsche der potenziellen Kunden zugeschnitten sind. Durch die Nutzung von KI-Algorithmen können Unternehmen auch präzise Vorhersagen darüber treffen, welche potenziellen Kunden am ehesten bereit sind, ein Produkt oder eine Dienstleistung zu kaufen.

Ein weiterer wichtiger Aspekt der Kundengewinnung ist die Bereitstellung eines überzeugenden Kundenerlebnisses. Mit Hilfe von künstlicher Intelligenz können Unternehmen personalisierte Inhalte und Angebote erstellen, die die Kundenbindung stärken und sie dazu ermutigen, wiederholt bei dem Unternehmen einzukaufen.

Durch die Automatisierung von Marketingkampagnen können Unternehmen auch effizient mit potenziellen Kunden interagieren und sie durch den gesamten Verkaufsprozess begleiten. Dies trägt dazu bei, das Vertrauen der Kunden in das Unternehmen zu stärken und ihre Loyalität langfristig zu sichern. Ein weiterer Vorteil der Verwendung von künstlicher Intelligenz bei der Kundengewinnung ist die Möglichkeit, den Erfolg von Marketingkampagnen zu messen und zu optimieren.

Durch die Analyse von Daten in Echtzeit können Unternehmen schnell feststellen, welche Marketingstrategien am effektivsten sind und welche Bereiche noch Verbesserungsbedarf haben. Darüber hinaus können Unternehmen mithilfe von KI-Algorithmen auch herausfinden, welche potenziellen Kunden am meisten Umsatz generieren und wie sie ihre Marketingbemühungen entsprechend anpassen können.

Insgesamt bietet die Verwendung von künstlicher Intelligenz bei der Kundengewinnung zahlreiche Vorteile, die es

Unternehmen ermöglichen, ihre Marketingstrategien zu optimieren und ihre Umsätze zu steigern. Durch die Analyse von Daten in Echtzeit, die Personalisierung von Marketingbotschaften und die Automatisierung von Marketingkampagnen können Unternehmen effektiver mit potenziellen Kunden interagieren und ihre Konversionsraten nachhaltig verbessern.

- **Traditionelle Methoden der Kundengewinnung**

Traditionelle Methoden der Kundengewinnung haben jahrzehntelang eine bedeutende Rolle im Marketing gespielt. Eine bekannte Methode ist die Kaltakquise, bei der Unternehmen potenzielle Kunden aktiv kontaktieren, um ihr Produkt oder ihre Dienstleistung anzubieten.

Diese Methode erfordert Zeitaufwand und Feingefühl, um die richtige Ansprache zu finden und potenzielle Kunden vom Angebot zu überzeugen. Eine weitere traditionelle Methode der Kundengewinnung ist das Networking. Hierbei treffen sich Unternehmer auf Veranstaltungen oder Messen, um potenzielle Kunden kennenzulernen und Kontakte zu knüpfen.

Diese Methode kann sehr effektiv sein, da es eine persönliche Beziehungsebene schafft und potenzielle Kunden das Unternehmen und die angebotenen Produkte oder Dienstleistungen besser kennenlernen können. Zudem spielen auch Printwerbung, Direktmailings und Fernsehwerbung eine wichtige Rolle bei der Kundengewinnung.

Durch gezielte Werbekampagnen können Unternehmen ihre Marke bekannt machen und potenzielle Kunden auf sich aufmerksam machen. Diese Methoden sind jedoch oft teuer und erfordern ein hohes Maß an Kreativität und
Know-how, um die gewünschten Ergebnisse zu erzielen. Neben den genannten Methoden sind auch Empfehlungsmarketing

und Mundpropaganda wichtige Instrumente der Kundengewinnung.

Kunden, die mit einem Produkt oder einer Dienstleistung zufrieden sind, empfehlen diese gerne an Freunde, Familie oder Kollegen weiter. Diese Mundpropaganda kann dazu beitragen, das Vertrauen potenzieller Kunden in das Unternehmen zu stärken und neue Kunden zu gewinnen. All diese traditionellen Methoden der Kundengewinnung haben ihre Vor- und Nachteile.

Sie erfordern einen hohen Zeitaufwand, sind oft kostenintensiv und können nicht immer die gewünschten Ergebnisse erzielen. Zudem sind die Erfolge oft schwer messbar und es kann schwierig sein, den ROI zu bestimmen. In einer zunehmend digitalen Welt stehen Unternehmen jedoch vor der Herausforderung, neue Wege der Kundengewinnung zu finden, die effektiver und effizienter sind. Hier kommt künstliche Intelligenz ins Spiel.

Mit Hilfe von Data Mining und Machine Learning können Unternehmen gezielt potenzielle Kunden identifizieren und ansprechen. Durch die Analyse von Verhaltensdaten und Interaktionen in sozialen Medien können Unternehmen personalisierte Marketingstrategien entwickeln und so die Kundengewinnung optimieren. Künstliche Intelligenz bietet Unternehmen die Möglichkeit, ihre Marketingaktivitäten zu automatisieren, die Effizienz zu steigern und die Kundenbindung zu verbessern. Durch die Nutzung von Chatbots können Unternehmen rund um die Uhr mit potenziellen Kunden kommunizieren und individuelle Lösungen anbieten. Zudem können Unternehmen mithilfe von Predictive Analytics das Kaufverhalten potenzieller Kunden prognostizieren und so ihre Marketingk

- **Herausforderungen bei der Kundengewinnung**

Die Kundengewinnung ist eine der wichtigsten Herausforderungen für jedes Unternehmen, unabhängig von seiner Größe oder Branche. In der heutigen digitalen Welt stehen Organisationen angesichts eines wachsenden Wettbewerbs und anspruchsvoller Verbraucher vor einer Vielzahl von Herausforderungen. Die Integration von künstlicher Intelligenz (KI) in den Marketingprozess kann dazu beitragen, diese Herausforderungen zu bewältigen, aber es gibt auch einige Hindernisse, die Unternehmen beachten müssen. Ein zentrales Problem bei der Kundengewinnung ist die Informationsüberflutung. In einer Welt, in der Verbraucher ständig von Werbung, Marketingbotschaften und Inhalten bombardiert werden, ist es schwierig geworden, ihre Aufmerksamkeit zu erregen und sie dazu zu bewegen, Produkte oder Dienstleistungen zu kaufen.

KI kann Unternehmen dabei helfen, relevantere und personalisierte Inhalte zu erstellen, die auf den individuellen Vorlieben und Verhaltensweisen der Kunden basieren. Durch die Analyse großer Datenmengen kann KI Unternehmen dabei unterstützen, maßgeschneiderte Marketingbotschaften zu erstellen, die das Engagement der Verbraucher erhöhen und sie dazu ermutigen, eine Kaufentscheidung zu treffen. Ein weiteres Hindernis bei der Kundengewinnung ist die Fragmentierung der Kundenreise. In einer Omni-Channel-Welt, in der Kunden mit Unternehmen über verschiedene Kanäle interagieren, kann es schwierig sein, ein einheitliches Kundenerlebnis zu schaffen. Mit Hilfe von KI können Unternehmen die Interaktionen mit ihren Kunden über verschiedene Kanäle hinweg verfolgen und analysieren.

Durch die Implementierung von KI-gestützten Customer Relationship Management (CRM)-Systemen können Unternehmen ein holistisches Bild vom Kundenverhalten erhalten und personalisierte Marketingstrategien entwickeln, die die Kundenbindung und die Konversionsrate steigern.

Ein weiteres Problem bei der Kundengewinnung ist die mangelnde Effizienz und Skalierbarkeit von traditionellen Marketing-Methoden. Die manuelle Analyse von Daten, die Erstellung von Marketingkampagnen und die Kundeninteraktion können zeitaufwändig und ressourcenintensiv sein. KI kann Unternehmen dabei helfen, diese Prozesse zu automatisieren und zu optimieren.

Durch die Verwendung von Algorithmen und maschinellem Lernen können Unternehmen Echtzeit-Analysen durchführen, personalisierte Marketingbotschaften automatisch erstellen und Chatbots implementieren, um Kundenanfragen zu beantworten und den Kundenservice zu verbessern. Zusammenfassend lässt sich sagen, dass die Herausforderungen bei der Kundengewinnung vielfältig sind und von Informationsüberflutung über die Fragmentierung der Kundenreise bis hin zu ineffizienten Marketing-Methoden reichen.

Die Integration von künstlicher Intelligenz in den Marketingprozess kann Unternehmen dabei helfen, diese Herausforderungen zu bewältigen und die Effizienz,

Insgesamt zeigt sich, dass der Einsatz von künstlicher Intelligenz bei der Kundengewinnung zahlreiche Vorteile bietet. Durch die Analyse großer Datenmengen können potenzielle Kunden besser identifiziert und gezielt angesprochen werden.

Die Automatisierung von Prozessen ermöglicht zudem eine effizientere Bearbeitung von Kundenanfragen und eine personalisierte Kundenansprache. In Zukunft wird die Bedeutung von künstlicher Intelligenz in diesem Bereich weiter zunehmen und Unternehmen, die frühzeitig auf diese Technologie setzen, werden sich einen Wettbewerbsvorteil sichern können.

Hier sind einige Möglichkeiten, wie AI bei der Kundengewinnung eingesetzt werden kann:

3.2 Zielgruppenanalyse mit AI-Tools

AI ermöglicht eine detaillierte Analyse von Kundendaten, Verhaltensmustern und Präferenzen. Durch maschinelles Lernen können Unternehmen ihre Zielgruppen besser verstehen und gezieltere Marketingkampagnen entwickeln. AI kann beispielsweise helfen, demografische Informationen, Kaufverhalten und soziale Medienaktivitäten zu analysieren, um die Bedürfnisse und Interessen potenzieller Kunden besser zu verstehen.

AI kann dazu verwendet werden, personalisierte Marketinginhalte zu erstellen, die auf die individuellen Vorlieben und Bedürfnisse der Kunden zugeschnitten sind. Durch die Analyse großer Datenmengen kann KI personalisierte Empfehlungen für Produktangebote, Rabatte oder relevante Inhalte generieren. Dies trägt dazu bei, das Kundenerlebnis zu verbessern und die Wahrscheinlichkeit einer Conversion zu erhöhen.

3.3 Kundenservice mit Chatbots und virtuellen Assistenten

KI-basierte Chatbots und virtuelle Assistenten können Unternehmen dabei helfen, rund um die Uhr auf Kundenanfragen zu reagieren und Informationen bereitzustellen.

Diese AI-gesteuerten Tools können häufig gestellte Fragen beantworten, Bestellstatus überprüfen, Produktempfehlungen geben und den Kundensupport unterstützen. Durch die sofortige Verfügbarkeit von Informationen können potenzielle Kunden schneller betreut und überzeugt werden.

Dabei sind gerade die folgenden Eigenschaften besonders bedeutungsvoll:
Chatbots bieten viele Vorteile bei der Kundengewinnung. Hier sind einige der wichtigsten Vorteile:

1. **Rund um die Uhr Verfügbarkeit:** Chatbots können rund um die Uhr auf Kundenanfragen reagieren, unabhängig von den Geschäftszeiten. Sie können potenzielle Kunden jederzeit betreuen und Informationen bereitstellen, was zu einem effizienteren Kundenservice führt und die Kundenzufriedenheit verbessert.

2. **Sofortige Reaktionszeit:** Chatbots bieten eine sofortige Reaktionszeit und können Kundenanfragen in Echtzeit beantworten. Im Vergleich zu menschlichen Kundensupportmitarbeitern, die möglicherweise Wartezeiten haben oder nicht sofort verfügbar sind, können Chatbots sofortige Unterstützung bieten. Schnelle Reaktionszeiten tragen dazu bei, potenzielle Kunden zu binden und ihnen ein positives Nutzererlebnis zu bieten.

3. **Skalierbarkeit:** Chatbots können gleichzeitig mehrere Kundenanfragen bearbeiten, ohne dass zusätzliche Ressourcen in Form von Mitarbeiter*innen erforderlich sind. Sie sind skalierbar und können mit steigender Nachfrage problemlos mehr Anfragen verarbeiten. Dadurch können Unternehmen ihre Kundengewinnung effizienter gestalten und einen größeren Kundenstamm bedienen.

4. **Personalisierte Interaktionen:** Chatbots können personalisierte Interaktionen bieten, indem sie auf die individuellen Bedürfnisse und Vorlieben der Kunden eingehen. Durch den Einsatz von KI und maschinellem Lernen können Chatbots Informationen über Kunden sammeln und speichern, um personalisierte Empfehlungen und Lösungen anzubieten. Das trägt zu einem besseren Kundenerlebnis bei und erhöht die Chancen einer erfolgreichen Kundengewinnung.

5. **Automatisierung wiederkehrender Aufgaben:** Chatbots können wiederkehrende Aufgaben automatisieren, die normalerweise von menschlichen Mitarbeiter*innen erledigt werden müssten. Das könnte das Beantworten häufig gestellter Fragen, das Erfassen von Kontaktdaten oder das Bereitstellen grundlegender Informationen über Produkte oder Dienstleistungen sein. Durch die Automatisierung dieser Aufgaben können menschliche Mitarbeiter*innen entlastet werden und ihre Zeit für komplexere Aufgaben nutzen.

6. **Lead-Generierung:** Chatbots können auch bei der Lead-Generierung eine wichtige Rolle spielen. Sie können potenzielle Kunden durch gezielte Fragen identifizieren, Informationen erfassen und diese Leads anschließend an den Vertrieb weiterleiten. Durch die Integration von Chatbots in Marketingkampagnen können Unternehmen wertvolle Leads generieren und die Effizienz ihrer Kundengewinnung steigern.

Zusammenfassend ermöglichen Chatbots eine effiziente und

personalisierte Kundengewinnung. Sie bieten rund um die Uhr Unterstützung, haben eine sofortige Reaktionszeit und können wiederkehrende Aufgaben automatisieren. Dies trägt zu einer besseren Kundenerfahrung, Skalierbarkeit und Kosteneffizienz des Kundenservice bei und kann letztendlich zu einer erhöhten Kundengewinnung führen.

3.4 Predictive Analytics, Datenanalyse und -verarbeitung mit Google Analytics 4 (GA4)

AI kann dazu beitragen, den Prozess der Lead-Generierung und -Qualifizierung zu optimieren. Durch den Einsatz von KI-Algorithmen können Unternehmen potenzielle Kunden identifizieren, die am ehesten zu Konversionen führen, und ihren Vertrieb auf diese aussichtsreichen Leads konzentrieren.

AI kann Informationen wie Klickverhalten, Interaktionen auf der Website oder demografische Daten analysieren, um potenzielle Kunden mit hoher Konversionswahrscheinlichkeit zu identifizieren.

Durch den Einsatz von AI und Predictive Analytics können Unternehmen Vorhersagemodelle entwickeln, um das Kundenverhalten besser zu verstehen und gezielte Marketingmaßnahmen abzuleiten. Durch die Analyse vergangener Daten können AI-Tools Vorhersagen über die Wahrscheinlichkeit eines Kaufs, die Kundenbindung oder das Upselling-Potenzial treffen. Diese Vorhersagen helfen Unternehmen, ihre Marketingstrategien anzupassen und ihre Chancen bei der Kundengewinnung zu verbessern.

AI ermöglicht also eine datengesteuerte und personalisierte Kundengewinnung, indem sie Unternehmen befähigt, ihre Marketingbemühungen effektiver und zielgerichteter zu gestalten. Durch die Automatisierung von Prozessen und die Nutzung von KI-Algorithmen können Unternehmen potenzielle Kunden besser ansprechen, deren Bedürfnisse besser verstehen und letztendlich den Umsatz steigern.

AI-Tools können große Datenmengen analysieren, Muster

erkennen und nützliche Einblicke liefern. Sie können zum Beispiel Daten aus Kundenfeedbacks analysieren, um Trends und Präferenzen zu identifizieren oder um Kundensegmente zu erstellen. Um in GA4 Daten zu analysieren können ebenfalls AI Bausteine verwendet werden:
AI spielt eine wichtige Rolle bei der Website-Analyse in Google Analytics 4 (GA4). GA4 ist die neueste Version des beliebten Webanalyse-Tools von Google und integriert KI-Technologien, um Unternehmen dabei zu unterstützen, wertvolle Einblicke in das Nutzerverhalten auf ihrer Website zu gewinnen. Hier sind einige Möglichkeiten, wie AI in GA4 verwendet wird. Im Zentrum stehen bei GA4 5 Einsatzbereiche, in denen mithilfe von künstlicher Intelligenz Daten verarbeitet werden.

1. **Ereignismodellierung**

GA4 verwendet ein Ereignismodell, das auf maschinellem Lernen basiert, um automatisch wichtige Ereignisse auf der Website zu identifizieren. Das KI-Modell erkennt und gruppiert Ereignisse, die auf ähnliche Interaktionen oder Aktivitäten hinweisen, und ermöglicht es den Benutzern, diese Ereignisse einfacher zu analysieren und zu verstehen.

2. **Vorhersagen und Prognosen**

Mithilfe von AI kann GA4 Vorhersagen über das Besucherverhalten machen und Prognosen über zukünftige Ereignisse erstellen. Zum Beispiel kann GA4 basierend auf vergangenen Daten Vorhersagen über das zukünftige Conversion-Verhalten von Nutzern treffen oder **Prognosen über den erwarteten Website-Traffic** erstellen. Diese Vorhersagen können Unternehmen dabei helfen, ihre Marketingstrategien anzupassen und **fundierte Entscheidungen** zu treffen.

3. **Automatisierte Einblicke**

GA4 nutzt AI, um automatisierte Einblicke und Empfehlungen zu generieren. Basierend auf den gesammelten Daten analysiert die KI-Algorithmen von GA4 das Nutzerverhalten, identifiziert Muster und Trends und gibt automatisch Einblicke in wichtige Metriken oder Möglichkeiten zur Optimierung. Dies spart den Benutzern Zeit bei der Datenanalyse und unterstützt sie dabei, schnell handlungsrelevante Informationen zu erhalten.

4. **Verbesserte Segmentierung**

Mit Hilfe von AI verbessert GA4 die Segmentierungsmöglichkeiten. Die KI analysiert die Verhaltensmuster der Website-Besucher und kann automatisch Segmente erstellen, die auf gemeinsamen Merkmalen oder Interaktionen basieren. Dies ermöglicht eine präzisere Analyse und Personalisierung der Berichterstattung für spezifische Zielgruppen.

5. **Anomalieerkennung**

Durch **AI-gesteuerte Algorithmen kann GA4** Anomalien im Benutzerverhalten erkennen und benachrichtigen. Die KI analysiert die erfassten Daten und identifiziert ungewöhnliche Verhaltensmuster oder Abweichungen von normalen Trends. Durch die rechtzeitige Erkennung solcher Anomalien können Unternehmen mögliche Probleme oder Chancen frühzeitig erkennen und geeignete Maßnahmen ergreifen.

Durch die Integration von AI in GA4 bietet Google Unternehmen erweiterte Möglichkeiten zur Website-Analyse. Die KI-Technologien von GA4 ermöglichen eine **tiefere und schnellere Datenanalyse**, die Identifizierung von Mustern und Trends, die Automatisierung von Einblicken und die Vorhersage von Nutzerverhalten. Dies unterstützt Unternehmen dabei, datengetriebene Entscheidungen zu treffen, ihre Website-Performance zu verbessern und das Kundenerlebnis zu optimieren.

3.5 Weitere Aufgaben von AI-Tools im E-Commerce

Um AI-Tools zu finden ist es für Unternehmer zunächst wichtig, Aufgaben zu definieren, die mithilfe von AI-Tools bzw. Automatismen erledigt werden können. Das können zum Beispiel auch Arbeitsschritte sein, die sonst lange Zeit in Anspruch nehmen würden.
Sie haben mich gebeten, die Aufgaben von AI-Tools zu bestimmen.

AI-Tools, auch bekannt als künstliche Intelligenz-Tools, sind Softwareanwendungen oder Plattformen, die maschinelles Lernen, Datenanalyse und andere KI-Techniken nutzen, um bestimmte Aufgaben zu automatisieren oder zu optimieren. Im geschäftlichen Kontext können AI-Tools Unternehmen dabei unterstützen, Effizienz zu steigern, Prozesse zu automatisieren, Daten zu analysieren und handlungsrelevante Erkenntnisse zu gewinnen.

Automatisierung repetitiver Aufgaben

AI-Tools können wiederkehrende Aufgaben automatisieren, die normalerweise von Menschen erledigt werden müssten. Das könnte beispielsweise das Sortieren und Kategorisieren von E-Mails, das Extrahieren von Informationen aus Dokumenten oder das Generieren von Berichten sein.

Chatbots und Kundensupport

Chatbots können nicht nur dabei helfen, den Kundendienst zu unterstützen. Tatsächlich bietet es sich an einen Chatbot im Onlineshop zu integrieren, falls Kunden Fragen zu Produkten haben.
AI-Tools können Unternehmen dabei helfen, den

Kundensupport zu verbessern, indem sie automatisierte Chatbots einsetzen. Diese Chatbots können häufig gestellte Fragen beantworten, Bestellstatus überprüfen oder grundlegende Unterstützung bieten.

Personalisierte Empfehlungen

AI-Tools können auf Basis von Verhaltens- und Nutzerdaten personalisierte Empfehlungen geben. Beispiele dafür sind Empfehlungen von Produkten, Filmen, Musik oder Nachrichtenartikeln, die auf den individuellen Vorlieben und dem bisherigen Verhalten des Nutzers basieren.

Vorhersage und Prognose

AI-Tools können Algorithmen zur Vorhersage und Prognoseentwicklung einsetzen, z. B. zur Wettervorhersage, zur Kunden- oder Absatzprognose, zur Betrugserkennung oder zur Bewertung von Kreditrisiken.

KAPITEL 4: AI-TOOLS IN DER E-COMMERCE-PRAXIS

Die Auswahl an AI-Tools ist heutzutage vielfältig und ständig wachsend. Es gibt verschiedene Softwareanwendungen, Plattformen und Frameworks, die von Unternehmen genutzt werden können, um von künstlicher Intelligenz und maschinellem Lernen zu profitieren. Hier sind einige der gängigsten AI-Tools, die zur Verfügung stehen:

4.1 Midjourney: Ein Text-to-Image-Tool für Kreative

Midjourney ist ein innovatives Text-to-Image-Tool, das Kreativen dabei helfen soll, ihre Ideen und Konzepte visuell darzustellen. Das Programm ermöglicht es Benutzern, Text in ansprechende Bilder umzuwandeln, indem es künstliche Intelligenz und maschinelles Lernen verwendet.

Mit einer Vielzahl von Designs, Schriftarten und Farbschemata bietet Midjourney eine einfache und benutzerfreundliche Oberfläche, die es auch Anfängern ermöglicht, professionell aussehende Grafiken zu erstellen.

Mit Midjourney können Benutzer ihre Kreativität auf eine völlig neue Ebene bringen, indem sie ihre Gedanken und Ideen in visuell ansprechende Bilder umwandeln. Egal, ob es sich um die Gestaltung von Social-Media-Beiträgen, Präsentationen oder Werbematerial handelt, Midjourney bietet eine Vielzahl von Funktionen, die es Benutzern ermöglichen, maßgeschneiderte und einzigartige Grafiken zu erstellen.

Mit seiner benutzerfreundlichen Oberfläche und seinen

leistungsstarken Tools ist Midjourney ein unverzichtbares Instrument für Kreative, die Wert auf professionelle Visualisierung legen.

Was ist Midjourney und wie funktioniert das AI Tool? Welche Vorteile bietet Midjourney? Wie kann man mit Midjourney Geld verdienen? Wie funktionieren Prompts und iterative Verbesserungen?

Midjourney ist ein innovatives Text-to-Image-Tool, das speziell für Kreative entwickelt wurde, um ihre Vorstellungskraft zu unterstützen und ihre Ideen in visuelle Darstellungen umzuwandeln.

Mit Hilfe von künstlicher Intelligenz und maschinellem Lernen ermöglicht Midjourney Benutzern, mithilfe von Textbeschreibungen Bilder zu generieren, die ihren Texten entsprechen. Das AI-Tool funktioniert, indem es die eingegebenen Textbeschreibungen analysiert und interpretiert, um dann daraus visuelle Darstellungen zu generieren.

Auf diese Weise können Benutzer einfach und schnell Ideen visualisieren, die sonst schwer greifbar und schwer zu kommunizieren wären. Die künstliche Intelligenz von Midjourney ist in der Lage, komplexe Zusammenhänge zwischen Worten zu verstehen und sie in Bilder umzuwandeln, die die Vorstellungskraft der Benutzer beflügeln.

Um das Tool zu nutzen, müssen Benutzer lediglich den gewünschten Text eingeben und auf den "Generieren" -Button klicken. Midjourney analysiert dann den Text und generiert automatisch ein Bild, das auf den beschriebenen Inhalten basiert. Die Benutzer haben auch die Möglichkeit, verschiedene Parameter anzupassen, um das Aussehen des generierten Bildes zu verfeinern und ihren Vorstellungen besser anzupassen.

Midjourney bietet eine Vielzahl von Anwendungsmöglichkeiten für Kreative in verschiedenen Branchen. Ob Grafikdesigner, Werbefachleute, Schriftsteller oder Künstler - das AI-Tool kann ihnen allen dabei helfen, ihre Ideen zu visualisieren und ihre Kreativität zu erweitern. Kreative können Midjourney nutzen, um Inspiration zu finden, Entwürfe zu erstellen, Konzepte zu präsentieren oder einfach nur ihre Gedanken in Bildern festzuhalten.

Durch die Verwendung von Midjourney können Kreative Zeit sparen und ihre Produktivität steigern, indem sie schnell und einfach visuelle Darstellungen ihrer Ideen erstellen können.
Das Tool ermöglicht es ihnen auch, ihre Arbeit effektiver zu kommunizieren und mit anderen zu teilen, da sie ihre Ideen in konkrete Bilder verwandeln können, die für jeden verständlich sind. Mit Midjourney können Kreative ihrer Vorstellungskraft freien Lauf lassen und neue Wege finden, ihre Ideen zu visualisieren und zu teilen. Das Text-to-Image-Tool ist eine wertvolle Ressource für alle, die in kreativen Bereichen arbeiten und ihre Arbeit auf die nächste Stufe heben möchten.
Durch die Kombination von künstlicher Intelligenz und menschlicher Kreativität bietet Midjourney eine einzigartige Möglichkeit, Ideen in visuelle Kunstwerke zu verwandeln und die Grenzen der Vorstellungskraft zu erweitern.

- **Welche Vorteile bietet Midjourney?**

Midjourney ist ein innovatives Text-to-Image-Tool, das Kreativen eine Vielzahl von Vorteilen bietet. Einer der wichtigsten Vorteile von Midjourney ist die Zeitersparnis.

Mit diesem Tool können Nutzer schnell und effizient textbasierte Designs erstellen, ohne stundenlang am Computer verbringen zu müssen. Dies ermöglicht es Kreativen, sich auf ihre Ideen und ihre Kreativität zu konzentrieren, anstatt sich mit komplizierten Design-Programmen herumzuschlagen.

Darüber hinaus ermöglicht Midjourney es Benutzern, ihre Kreativität auf völlig neue Weise auszudrücken. Indem sie Text in visuell ansprechende Bilder umwandeln, können Kreative ihre Ideen auf eine frische und innovative Art präsentieren. Dies eröffnet neue Möglichkeiten für die Gestaltung von Werbematerialien, Social-Media-Posts, Präsentationen und vielem mehr. Ein weiterer Vorteil von Midjourney ist die Benutzerfreundlichkeit. Das Tool ist einfach zu bedienen und erfordert keine Vorkenntnisse im Grafikdesign. Auch Anfänger können schnell loslegen und beeindruckende Designs erstellen. Dies macht Midjourney zu einer idealen Lösung für Freelancer, kleine Unternehmen oder Hobbydesigner, die professionell aussehende Grafiken erstellen möchten, ohne viel Zeit und Geld in teure Design-Software investieren zu müssen. Darüber hinaus bietet Midjourney eine Vielzahl von Vorlagen und Design-Elementen, die Nutzer verwenden können, um ihre Kreationen zu personalisieren und zu verbessern.

Von Schriftarten und Farbschemata bis hin zu Layouts und Illustrationen – mit Midjourney haben Nutzer Zugriff auf eine Fülle von Design-Ressourcen, die es ihnen ermöglichen, ihre Ideen zum Leben zu erwecken und einzigartige, professionell aussehende Designs zu erstellen. Neben diesen praktischen Vorteilen bietet Midjourney auch eine inspirierende Arbeitsumgebung.

Das Tool regt die Kreativität an und ermöglicht es Nutzern, ihre künstlerischen Fähigkeiten weiterzuentwickeln und innovative Ideen zu verwirklichen. Durch die Kombination von Text und Bild können Kreative neue Wege entdecken, um ihre Botschaften zu kommunizieren und ihre Zielgruppe zu erreichen. Zusammenfassend bietet Midjourney Kreativen eine Vielzahl von Vorteilen, darunter Zeitersparnis, neue Ausdrucksmöglichkeiten, Benutzerfreundlichkeit, Design-Ressourcen und inspirierende Arbeitsumgebung. Ob Profi-

Grafikdesigner oder Hobbykünstler, Midjourney ist eine wertvolle Ressource für jeden, der seine kreativen Ideen in beeindruckende visuelle Designs umsetzen möchte. Mit diesem innovativen Text-to-Image-Tool können Nutzer ihre Kreativität entfesseln und einzigartige Werke schaffen, die ihr Publikum begeistern und inspirieren.

- **Wie kann man mit Midjourney Geld verdienen?**

Mit Midjourney gibt es verschiedene Möglichkeiten, Geld zu verdienen. Eine der Hauptwege ist die Nutzung der Plattform als Kreativschaffender, um ein zusätzliches Einkommen zu generieren.

- Durch die Erstellung und Veröffentlichung von hochwertigen Text-to-Image-Kreationen können Künstler, Grafikdesigner und Schriftsteller ihre Werke einem breiten Publikum präsentieren und potenziell Käufer anziehen. Darüber hinaus bietet Midjourney die Möglichkeit, Kreationen auf Anfrage zu erstellen. Das bedeutet, dass Nutzer spezifische Aufträge erhalten können, um individuelle Text-to-Image-Arbeiten nach den Vorgaben der Kunden anzufertigen. Durch die erfolgreiche Ausführung solcher Aufträge können Kreativschaffende ihr Portfolio erweitern und gleichzeitig Einkommen durch diese maßgeschneiderten Arbeiten erzielen.

- Ein weiterer Weg, um mit Midjourney Geld zu verdienen, ist die Teilnahme an Wettbewerben. Die Plattform veranstaltet regelmäßig Challenges, bei denen Nutzer ihre kreativen Fähigkeiten unter Beweis stellen und mit anderen Teilnehmern um Preise konkurrieren können. Diese Wettbewerbe bieten nicht nur eine Möglichkeit, zusätzliches Geld zu gewinnen, sondern dienen auch als Ansporn, sich kontinuierlich zu verbessern und neue Ideen zu entwickeln.

- Des Weiteren bietet Midjourney die Möglichkeit, seine Werke über den integrierten Marketplace zu verkaufen. Künstler können ihre Text-to-Image-Kreationen hochladen und zum Verkauf anbieten, wodurch sie potenziell ein breiteres Publikum erreichen und zusätzliche Einkommensquellen erschließen können. Durch den direkten Verkauf von Werken können Kreativschaffende ihre Arbeiten monetarisieren und von den Einnahmen profitieren.

- Zusätzlich dazu können Nutzer auch durch Affiliate-Marketing mit Midjourney Geld verdienen. Durch die Empfehlung der Plattform an andere Kreative oder potenzielle Kunden und die Vermittlung von neuen Nutzern kann eine Provision verdient werden. Dieser Ansatz ermöglicht es, passives Einkommen zu generieren, indem man andere dazu ermutigt, sich der Plattform anzuschließen und von den vielfältigen Möglichkeiten zu profitieren, die Midjourney bietet.

Insgesamt bietet Midjourney eine Vielzahl von Möglichkeiten, um als Kreativschaffender Geld zu verdienen und sein kreatives Potenzial zu entfalten.
Ob durch die Erstellung und Veröffentlichung eigener Werke, die Teilnahme an Wettbewerben, den Verkauf von Kreationen über den Marketplace oder die Gewinnung neuer Nutzer durch Affiliate-Marketing - die Plattform bietet zahlreiche Wege, um Einkommen zu generieren und sich als Künstler weiterzuentwickeln. Mit Engagement, Kreativität und Einsatz können Nutzer von Midjourney ihr Talent zum Ausdruck bringen und zugleich finanzielle Erfolge erzielen.

- **Wie funktionieren Prompts und iterative Verbesserungen?**

Prompts sind ein entscheidendes Element in der kreativen Prozess von Midjourney. Sie dienen dazu, den Benutzern Inspiration und Anleitung zu geben, um ihre künstlerischen Fähigkeiten zu entfalten. Durch die Verwendung von Prompts werden die Nutzer dazu ermutigt, ihre Vorstellungskraft zu nutzen und neue Ideen zu entwickeln. Diese können in Form von Texten oder Bildern vorliegen und dienen als Ausgangspunkt für die kreative Gestaltung.

Der Prozess der Arbeit mit Prompts in Midjourney ist iterativ. Das bedeutet, dass die Benutzer kontinuierlich an ihren Projekten arbeiten und sie durch verschiedene Phasen der Verbesserung führen. Nachdem sie einen Prompt gewählt haben, beginnen sie damit, ihre Ideen umzusetzen und das gewünschte Bild oder den gewählten Text zu erstellen.

Dieser erste Entwurf dient als Ausgangspunkt für weitere Verbesserungen. Durch den iterativen Prozess können die Benutzer ihr Werk Schritt für Schritt verfeinern. Sie können verschiedene Elemente hinzufügen, entfernen oder verbessern, um ihr Werk so zu gestalten, wie sie es sich vorstellen. Dieser Prozess erlaubt es den Nutzern, ihre kreativen Fähigkeiten weiterzuentwickeln und ihre gestalterischen Entscheidungen zu hinterfragen.

Während des iterativen Prozesses erhalten die Benutzer auch Feedback von anderen Nutzern oder sogar von Experten. Dieses Feedback kann dazu beitragen, dass die Benutzer neue Perspektiven auf ihr Werk erhalten und Verbesserungsvorschläge umsetzen. Auf diese Weise können sie ihr künstlerisches Können weiter verbessern und sich stetig weiterentwickeln.

Ein wichtiger Aspekt des iterativen Prozesses ist auch die

Möglichkeit, frühere Versionen des Projekts zu speichern und zu vergleichen. Auf diese Weise können die Benutzer sehen, wie sich ihr Werk im Laufe der Zeit entwickelt hat und welche Veränderungen und Verbesserungen sie vorgenommen haben. Dies ermöglicht es den Nutzern, sich bewusst zu machen, wie sie sich als Künstler weiterentwickeln und ihre Fähigkeiten verbessern. Insgesamt ermöglichen Prompts und iterative Verbesserungen den Benutzern von Midjourney, ihre kreativen Fähigkeiten zu entfalten und sich kontinuierlich weiterzuentwickeln.

Durch den Einsatz dieser Elemente können die Nutzer ihre gestalterischen Entscheidungen reflektieren, Feedback erhalten und ihr Werk Schritt für Schritt verbessern.

Dieser Prozess unterstützt die Benutzer dabei, ihre künstlerischen Fähigkeiten zu entfalten und ihre eigenen kreativen Grenzen zu erweitern. Mit Midjourney als Text-to-Image-Tool für Kreative haben die Benutzer die Möglichkeit, ihre kreativen Ideen umzusetzen und ihre gestalterischen Fähigkeiten zu erweitern.

Zusammenfassend lässt sich sagen, dass Midjourney ein leistungsstarkes Text-to-Image-Tool ist, das Kreativen helfen kann, ihre Ideen visuell zum Leben zu erwecken.

Mit einer Vielzahl von Funktionen und Anpassungsmöglichkeiten bietet das Programm eine innovative Möglichkeit, kreative Prozesse zu unterstützen und neue Wege der Visualisierung zu entdecken.

Durch die Ergebnisse unserer Untersuchung konnten wir feststellen, dass Midjourney ein nützliches Werkzeug für Kreative jeden Niveaus darstellt und dazu beiträgt, die Gestaltung von Bildern und Grafiken effizienter und inspirierender zu gestalten.

4.2 Bildgeneration mit dem AI-Tool: DALL-E 2

Die bahnbrechende KI-Tool DALL-E 2 hat die Welt der künstlichen Intelligenz revolutioniert und bietet eine Vielzahl von innovativen Anwendungen für verschiedene Branchen.

Mit der Fähigkeit, Bilder und Texte zu verstehen und künstlerisch zu kombinieren, können Benutzer mit DALL-E 2 komplexe visuelle Konzepte und Designs erstellen, die zuvor unmöglich schienen. Diese fortschrittliche Technologie ermöglicht es Benutzern, ihre Kreativität voll auszuschöpfen und einzigartige Kunstwerke, Designkonzepte und visuelle Darstellungen zu schaffen.

DALL-E 2 hat sich bereits als äußerst vielseitiges und leistungsstarkes Werkzeug erwiesen, das in einer Vielzahl von Bereichen eingesetzt werden kann, darunter Grafikdesign, Animation, Werbung, Architektur und mehr.

Durch die Kombination von Bildverarbeitung und natürlicher Sprachverarbeitung bietet DALL-E 2 den Benutzern eine intuitive und einfach zu bedienende Plattform, um ihre kreativen Ideen umzusetzen und innovative Projekte zu realisieren.

Die Ergebnisse sprechen für sich, und viele Branchenexperten sind begeistert von den grenzenlosen Möglichkeiten, die DALL-E 2 bietet.

Was Ist Dall-E 2?

DALL-E 2 ist eine fortschrittliche künstliche Intelligenz (KI) Tool, das von OpenAI entwickelt wurde, um Bilder basierend auf einer Benutzerbeschreibung zu generieren. Es baut auf dem Erfolg seines Vorgängers DALL-E auf, der für sein bemerkenswertes Vermögen bekannt ist, Bilder zu erzeugen, die auf natürlichen Sprachbeschreibungen basieren.

DALL-E 2 funktioniert ähnlich wie sein Vorgänger, indem es Texteingaben entgegennimmt und daraus Bilder erzeugt, die die Beschreibung am besten widerspiegeln. Es nutzt dabei ein fortschrittliches neuronales Netzwerk, das darauf trainiert wurde, die Beziehung zwischen verschiedenen Begriffen zu verstehen und daraus kohärente und realistische Bilder zu generieren.

Diese Technologie ermöglicht es Benutzern, ganz spezifische Bilder zu erstellen, indem sie einfach eine detaillierte Beschreibung des gewünschten Bildes eingeben. Zum Beispiel könnte man eingeben: "Ein rosa Einhorn, das auf einer Regenbogenwolke sitzt", und DALL-E 2 würde ein Bild generieren, das genau dieser Beschreibung entspricht.

Die Möglichkeiten von DALL-E 2 sind nahezu unbegrenzt. Es kann Bilder in verschiedenen Stilen und Farbschemata generieren, womit es eine Vielzahl von kreativen Anwendungen ermöglicht. Von der Erstellung von Illustrationen für Geschichten über das Design von Werbematerialien bis hin zur Generierung von digitalen Kunstwerken – DALL-E 2 verspricht eine revolutionäre Veränderung in der Art und Weise, wie Bilder erstellt werden.

Ein weiterer entscheidender Vorteil von DALL-E 2 ist seine Fähigkeit, komplexe und abstrakte Konzepte visuell darzustellen. Durch die Kombination von Text und Bildern kann das Tool abstrakte Ideen in greifbare und anschauliche Formen umwandeln, was besonders in den Bereichen Kommunikation, Bildung und Marketing von großem Nutzen sein kann.

Es ist wichtig zu betonen, dass DALL-E 2 nicht nur als Werkzeug für Kreative und Designer gedacht ist, sondern auch in der Forschung und Entwicklung von KI eine wichtige Rolle spielen kann.

Indem es zeigt, wie KI dazu genutzt werden kann, komplexe Probleme zu lösen und kreative Inhalte zu generieren, trägt DALL-E 2 dazu bei, das Verständnis und die Anwendung von künstlicher Intelligenz weiter voranzutreiben.

Insgesamt könnte man sagen, dass DALL-E 2 eine bahnbrechende Innovation darstellt, die die Grenzen dessen, was mit künstlicher Intelligenz möglich ist, erweitert.

Mit seiner Fähigkeit, hochwertige und maßgeschneiderte Bilder auf der Grundlage von Benutzerbeschreibungen zu generieren, bietet DALL-E 2 eine Vielzahl von Möglichkeiten für Kreative, Forscher und Unternehmen, um innovative und ansprechende visuelle Inhalte

Welche Vorteile Bietet Dall-E 2?

DALL-E 2, das neueste KI-Tool von OpenAI, bietet eine Vielzahl von Vorteilen für Nutzer in verschiedenen Branchen. Einer der Hauptvorteile von DALL-E 2 ist seine Fähigkeit, **hochqualitative und realistische Bilder** zu erstellen, die auf natürlicher Spracheingabe basieren.

Diese Bilder können für verschiedene Zwecke genutzt werden, von der Erstellung von visuellen Inhalten für Websites und Marketingmaterial bis hin zur Generierung von Designideen für Produkte und Dienstleistungen.

Ein weiterer Vorteil von DALL-E 2 ist seine Vielseitigkeit. Das Tool kann nicht nur Bilder erstellen, sondern auch Grafiken, Illustrationen und sogar Kunstwerke generieren.

Dies ermöglicht es Nutzern, ihre Kreativität voll auszuschöpfen und hochwertige visuelle Inhalte zu produzieren, die ihren Anforderungen entsprechen.
Darüber hinaus bietet DALL-E 2 eine hohe Skalierbarkeit, was bedeutet, dass es für Projekte jeder Größe geeignet ist. Ob es sich um die Erstellung von einem einzigen Bild oder um die Generierung von Tausenden von Bildern handelt, DALL-E 2 kann problemlos angepasst werden, um den Anforderungen des jeweiligen Projekts gerecht zu werden.

Ein weiterer wichtiger Vorteil von DALL-E 2 ist seine Benutzerfreundlichkeit. Das Tool ist einfach zu bedienen und erfordert keine speziellen technischen Kenntnisse. Nutzer können einfach ihre Anfrage in natürlicher Sprache eingeben und das Tool generiert automatisch das gewünschte Bild oder die gewünschte Grafik.
Darüber hinaus bietet DALL-E 2 eine hohe Genauigkeit bei der Bildgenerierung. Das Tool nutzt fortschrittliche KI-Algorithmen, um realistische und hochwertige Bilder zu erstellen, die kaum von menschlich erstellten Bildern zu unterscheiden sind. Dies macht DALL-E 2 zu einer zuverlässigen Lösung für die Erstellung von visuellen Inhalten in verschiedenen Bereichen.

Ein weiterer Vorteil von DALL-E 2 ist seine Innovationskraft. Das Tool ist in der Lage, kontinuierlich zu lernen und sich weiterzuentwickeln, um den sich ändernden Anforderungen und Trends in der Bildgenerierung gerecht zu werden. Dies bedeutet, dass Nutzer immer Zugang zu den neuesten und fortschrittlichsten Funktionen haben, um hochwertige visuelle Inhalte zu erstellen.
Zusammenfassend bietet DALL-E 2 eine Vielzahl von Vorteilen für Nutzer in verschiedenen Branchen, von der Erstellung von Marketingmaterial und Designideen bis hin zur Generierung von Kunstwerken und Illustrationen. Mit seiner

Fähigkeit, hochqualitative und realistische Bilder zu erstellen, seiner Vielseitigkeit, Skalierbarkeit, Benutzerfreundlichkeit, Genauigkeit und Innovationskraft ist DALL-E 2 eine leistungsstarke Lösung für die Bildgenerierung und ein unverzichtbares Werkzeug für k

Wie Kann Man Mit Dall-E 2 Geld Verdienen?

Mit dem Aufkommen von DALL-E 2 eröffnen sich zahlreiche Möglichkeiten, um mit dieser künstlichen Intelligenz Geld zu verdienen. Eines der Hauptanwendungsbereiche von DALL-E 2 liegt in der Generierung von hochwertigen Grafiken, Illustrationen und Designprojekten.

Unternehmen können diese kreativen Werke für ihre Marketingkampagnen, Werbeanzeigen und Social-Media-Präsenz nutzen, um ihre Markenbekanntheit zu steigern und potenzielle Kunden anzuziehen.

Darüber hinaus können Grafikdesigner und Künstler DALL-E 2 als Werkzeug einsetzen, um ihre Arbeitsabläufe zu optimieren und ihre Produktivität zu steigern. Indem sie die Generierung von Bildern und Grafiken an die KI delegieren, können sie mehr Zeit damit verbringen, ihre kreativen Ideen umzusetzen und ihre Kunden besser zu bedienen. Dies kann dazu beitragen, ihr Geschäft zu skalieren und neue Einnahmequellen zu erschließen.

Ein weiterer lukrativer Anwendungsbereich von DALL-E 2 liegt im Bereich des E-Commerce. Online-Händler können die KI nutzen, um ansprechende Produktbilder zu erstellen, die das Interesse der Kunden wecken und ihre Kaufentscheidungen positiv beeinflussen.

Durch die Nutzung von hochwertigen Bildern können sie ihre Produkte besser präsentieren und ihre Umsätze steigern.

Zusätzlich können Unternehmen DALL-E 2 einsetzen, um personalisierte Marketingmaterialien für ihre Kunden zu erstellen. Indem sie die Vorlieben und Interessen ihrer Zielgruppe berücksichtigen, können sie maßgeschneiderte Grafiken und Illustrationen erstellen, die auf ihre individuellen Bedürfnisse zugeschnitten sind.

Dies kann die Kundenbindung stärken und die Markentreue erhöhen.
Des Weiteren können Agenturen und Werbeunternehmen DALL-E 2 nutzen, um ihre Dienstleistungen zu erweitern und ihren Kunden innovative Lösungen anzubieten.

Die KI kann dabei helfen, einzigartige und ansprechende visuelle Inhalte zu erstellen, die die Aufmerksamkeit der Zielgruppe auf sich ziehen und deren Markenimage stärken.

Neben diesen direkten Anwendungsmöglichkeiten bietet DALL-E 2 auch Potenzial für die Entwicklung neuer Produkte und Dienstleistungen. Start-ups und Innovatoren können die KI nutzen, um kreative Lösungen zu entwickeln und ihre Ideen in die Realität umzusetzen. Dies kann dazu beitragen, neue Märkte zu erschließen und Wettbewerbsvorteile zu erzielen.

Insgesamt bietet DALL-E 2 eine Vielzahl von Möglichkeiten, um mit dieser künstlichen Intelligenz Geld zu verdienen. Indem Unternehmen, Designer, Händler und andere Akteure die Funktionen und Fähigkeiten der KI nutzen, können sie ihre Geschäftsprozesse optimieren, ihre Produkte verbessern und neue Umsatzströme generieren. Mit der richtigen Strategie

Zusammenfassend kann festgestellt werden, dass das AI-Tool DALL-E 2 eine beeindruckende Leistung bei der Generierung von

Bildern auf Basis von Textbeschreibungen zeigt. Die Ergebnisse sind äußerst realistisch und gehen weit über herkömmliche Generative Adversarial Networks hinaus. Mit seiner Fähigkeit, kreative und detaillierte Abbildungen basierend auf einfachen Beschreibungen zu erstellen, hat DALL-E 2 das Potenzial, die Art und Weise zu revolutionieren, wie wir visuelle Inhalte generieren und verstehen.

1. Machine Learning Frameworks

Diese Tools bieten eine Grundlage für das Training und die Entwicklung von KI-Modellen. Beispiele für beliebte Frameworks sind TensorFlow, PyTorch, scikit-learn und Keras. Sie stellen Funktionen und APIs bereit, um Daten zu analysieren, Modelle zu erstellen und Vorhersagen zu machen.

2. Natural Language Processing (NLP) Tools

Diese Tools ermöglichen die Verarbeitung und Analyse von menschlicher Sprache. Sie unterstützen die automatische Übersetzung, Sentiment-Analyse, Textklassifizierung und Named Entity Recognition. Bekannte NLP-Tools sind NLTK, spaCy, AllenNLP und die OpenAI GPT-Reihe.

3. Computer Vision Tools

Diese AI-Tools ermöglichen die Analyse und Interpretation von visuellen Inhalten wie Bildern und Videos. Sie können Objekterkennung, Bildklassifizierung, Gesichtserkennung und Bildsegmentierung durchführen. Beliebte Computer-Vision-Tools sind OpenCV, TensorFlow Object Detection API, YOLO (You Only Look Once) und Caffe.

4. Robotic Process Automation (RPA) Tools

Diese Tools automatisieren repetitive Aufgaben durch die Verwendung von Software-Robotern. Sie können Daten extrahieren, Dokumente verarbeiten, Webseiten durchsuchen und Daten zwischen verschiedenen Systemen übertragen. Bekannte RPA-Tools sind UiPath, Automation Anywhere und Blue Prism.

5. Chatbot-Plattformen

Diese Tools ermöglichen die Erstellung und Verwaltung von Chatbots, die mit Benutzern in natürlicher Sprache interagieren können. Sie können in Kundensupport, Vertrieb oder andere geschäftliche Anwendungen integriert werden. Beispiele für bekannte Chatbot-Plattformen sind Dialogflow, IBM Watson Assistant und Microsoft Bot Framework.

6. Business Intelligence (BI) Tools

Diese Tools nutzen KI-Techniken, um Daten zu analysieren und Insights zu liefern. Sie können Datenvisualisierung, Dashboards, Ad-hoc-Abfragen und datengesteuerte Entscheidungsunterstützung bieten. Beliebte BI-Tools sind Tableau, Power BI, QlikView und MicroStrategy.

4.3 Textgeneration mit ChatGPT

Um im Produktmarketing schneller agieren zu können, lohnt sich der Einsatz von AI-Tools wir ChatGPT. Mit Hilfe künstlicher Intelligenz lassen sich zum Beispiel Produktbeschreibungen erstellen oder Kundenchats automatisch führen. Viele Onlineshops sollten daher über eine Chatbot Einrichtung auf Basis von ChatGPT nachdenken.

ChatGPT ist ein auf künstlicher Intelligenz basierendes Sprachmodell, das von OpenAI entwickelt wurde. Es handelt sich um eine Version von GPT (Generative Pre-trained Transformer), die darauf spezialisiert ist, mit Benutzern in natürlicher Sprache zu interagieren. ChatGPT kann Fragen beantworten, Dialoge führen, Texte generieren und Informationen liefern, basierend auf dem vorab trainierten Wissen, das es im Laufe des Trainingsprozesses erlernt hat.

Es wurde entwickelt, um menschenähnliche Konversationen zu simulieren und als nützliches Werkzeug für verschiedene Anwendungen wie Kundensupport, Textgenerierung und persönliche Assistenten zu dienen.

ChatGPT kann in verschiedenen Anwendungen eingesetzt werden. Es kann Kundenanfragen beantworten, technische Unterstützung bieten, Fragen zu bestimmten Themen beantworten, Content generieren und vieles mehr.

ChatGPT kann mit der steigenden Anzahl von Benutzern skalieren und gleichzeitig eine schnelle Reaktionszeit beibehalten. Dadurch ist es ideal für den Einsatz in Kundensupport-Systemen oder anderen Anwendungen, bei denen viele Benutzer gleichzeitig bedient werden müssen.

ChatGPT kann menschliche Sprache verstehen, interpretieren und darauf reagieren. Es kann komplexe oder umgangssprachliche Fragen verstehen und die Antworten entsprechend formulieren.

Das Modell ist in der Lage, den Kontext einer Konversation zu erfassen und die Antworten entsprechend anzupassen. Es kann vorherige Fragen und Antworten berücksichtigen, um präzise und kohärente Antworten zu liefern.

ChatGPT bietet die Möglichkeit, den Ausgabe-Text durch die Vorgabe von Anweisungen oder gewünschten spezifischen Informationen zu steuern. Dies ermöglicht es den Benutzern, die Antworten nach ihren Bedürfnissen anzupassen.

Es ist wichtig anzumerken, dass ChatGPT auch

Einschränkungen aufweisen kann und manchmal ungenaue oder unpassende Antworten liefern kann. Es ist daher wichtig, bei der Verwendung des Modells die Ergebnisse sorgfältig zu überprüfen und gegebenenfalls Anpassungen vorzunehmen.

Google Gemini Vs Chatgpt

Google Gemini ist ein KI-gestütztes Tool, das entwickelt wurde, um automatische Antworten auf Nutzeranfragen zu generieren. Es basiert auf Machine Learning-Algorithmen und kann natürliche Sprache verstehen und interpretieren, um passende Antworten zu liefern.

Chat GPT hingegen ist ein ähnliches Tool, das ebenfalls auf KI und Machine Learning basiert, um Chat-Konversationen mit Nutzern zu führen und ihre Anfragen zu beantworten.

Bei einem direkten Vergleich zwischen Google Gemini und Chat GPT gibt es einige wesentliche Unterschiede. Erstens ist Google Gemini speziell darauf ausgelegt, Antworten auf Suchanfragen zu generieren, während Chat GPT darauf abzielt, Gespräche mit Nutzern in einem Chat-Format zu führen.
Dies bedeutet, dass Google Gemini besser dafür geeignet ist, gezielte und präzise Informationen auf Anfragen zu liefern, während Chat GPT eher für allgemeine Konversationen und Unterhaltungen geeignet ist. Ein weiterer wichtiger Unterschied liegt in der Benutzererfahrung. Google Gemini bietet eine nahtlose Integration in die Google-Suche und liefert sofortige Antworten auf Anfragen.

Chat GPT hingegen erfordert, dass Nutzer sich aktiv in einen Chat einloggen und mit dem System interagieren, um Antworten zu erhalten. Dies kann zu einer weniger effizienten Benutzererfahrung führen, insbesondere wenn es um schnelle Informationen geht. In Bezug auf die Qualität der Antworten gibt es ebenfalls Unterschiede zwischen Google Gemini und

Chat GPT.

Da Google Gemini auf die Verarbeitung von Suchanfragen spezialisiert ist, liefert es in der Regel präzise und relevante Antworten auf die gestellten Fragen. Chat GPT hingegen kann aufgrund seiner allgemeineren Ausrichtung manchmal ungenaue oder nicht ganz passende Antworten liefern.

Ein weiterer wichtiger Aspekt ist die Skalierbarkeit und Anpassungsfähigkeit der beiden Tools. Google Gemini ist ein festes Tool, das von Google entwickelt wurde und bestimmte Funktionen und Algorithmen bietet. Chat GPT hingegen ist ein offenes System, das von Entwicklern modifiziert und angepasst werden kann, um spezifische Anforderungen zu erfüllen.
Dies bedeutet, dass Chat GPT flexibler und anpassungsfähiger ist, um den individuellen Bedürfnissen von Unternehmen und Nutzern gerecht zu werden. Zusammenfassend lässt sich sagen, dass Google Gemini und Chat GPT beide leistungsstarke Tools sind, die auf KI und Machine Learning basieren, um automatische Antworten auf Nutzeranfragen zu generieren.

Google Gemini ist besser geeignet, um präzise und relevante Informationen auf Suchanfragen zu liefern, während Chat GPT für allgemeine Chat-Konversationen und Unterhaltungen geeignet ist. Die Wahl zwischen den beiden Tools hängt von den jeweiligen Anforderungen und Zielen ab, die ein Unternehmen hat, und davon, ob es präzise Antworten auf Suchanfragen oder allgemeine Konversationen mit Nut

Schreiben Und Entwerfen Mit Google Gemini In Der Anwendung

Mit Google Gemini können Sie Ihre Schreib- und Entwurfsprojekte noch effizienter und kreativer gestalten. Diese Anwendung bietet eine Vielzahl von Tools und Funktionen, die es Ihnen ermöglichen, Ihre Ideen umzusetzen und Ihre Texte zu optimieren. Eines der Hauptmerkmale von Google Gemini ist die automatische Texterkennung. Diese Funktion erkennt automatisch den Text, den Sie eingeben, und bietet Ihnen Vorschläge zur Optimierung Ihrer Wörter und Sätze.

Dies kann besonders hilfreich sein, wenn Sie nach einer kreativen Inspiration suchen oder wenn Sie einfach nur Ihre Texte verbessern möchten. Darüber hinaus bietet Google Gemini auch eine Vielzahl von Schriftarten und Designoptionen, mit denen Sie Ihre Texte auf interessante und ansprechende Weise präsentieren können.

Sie können aus verschiedenen Stilen und Schriftarten wählen, um Ihre Texte zu personalisieren und Ihrem Schreibstil einen einzigartigen Touch zu verleihen. Ein weiteres nützliches Feature von Google Gemini ist die Möglichkeit, Ihre Entwürfe und Texte zu speichern und zu teilen. Sie können Ihre Projekte speichern und später bearbeiten, oder Sie können sie mit anderen teilen, um Feedback und Anregungen von Kollegen oder Freunden zu erhalten.

Dies kann Ihnen helfen, Ihre Ideen zu verfeinern und Ihre Texte zu verbessern. Darüber hinaus bietet Google Gemini auch eine Volltextsuche, mit der Sie schnell und einfach nach bestimmten Begriffen oder Sätzen in Ihren Texten suchen können. Dies kann Ihnen helfen, bestimmte Informationen zu finden oder einfach nur zu überprüfen, ob Sie ein bestimmtes Wort an der richtigen Stelle verwendet haben.

Ein weiterer Vorteil von Google Gemini ist die Möglichkeit, so genannte "Smart Suggestions" zu erhalten. Diese Funktion bietet Ihnen automatisch Vorschläge zur Verbesserung Ihrer Texte, basierend auf dem Text, den Sie eingeben. Diese Vorschläge können Ihnen helfen, Ihre Texte zu optimieren und sie noch ansprechender zu gestalten.

Zusammenfassend bietet Google Gemini eine Vielzahl von Funktionen und Möglichkeiten, um Ihre Schreib- und Entwurfsprojekte zu verbessern. Mit automatischer Texterkennung, verschiedenen Schriftarten und Designoptionen, der Möglichkeit zum Speichern und Teilen von Projekten sowie einer Volltextsuche und Smart Suggestions können Sie Ihre Ideen umsetzen und Ihre Texte auf ein neues Level heben.

Nutzen Sie Google Gemini, um Ihre Kreativität zu entfalten und Ihre Schreib- und Entwurfsprojekte zu optimieren. Diese Anwendung bietet Ihnen die Werkzeuge und Funktionen, die Sie benötigen, um Ihre Ideen zu realisieren und Ihre Texte zu perfektionieren. Probieren Sie es aus und erleben Sie die Möglichkeiten von Google Gemini in der Anwendung!

4.5 Leadgenerierung mit AI-Chatbots

AI-Chatbots können bei der Kundengewinnung eine wertvolle Rolle spielen. Hier sind einige Möglichkeiten, wie Chatbots auf Basis künstlicher Intelligenz Unternehmen bei der Kundengewinnung unterstützen können:

1. Interaktive Kundenkommunikation:

AI Chatbots ermöglichen eine interaktive und personalisierte Kundenkommunikation. Sie können effektiv auf Kundenanfragen reagieren, Fragen beantworten und Unterstützung bieten. Durch die Bereitstellung sofortiger und relevanter Informationen können Chatbots das Interesse potenzieller Kunden wecken und sie dazu ermutigen, weitere Schritte zu unternehmen.

2. Automatisierte Lead-Generierung

Der automatisierte Lead-Generierungsprozess durch Chatbots bietet Unternehmen verschiedene Vorteile. Durch das Stellen von gezielten Fragen und die intelligent gestaltete Gesprächsführung können Chatbots relevante Informationen von potenziellen Kunden sammeln. Dies ermöglicht es dem Unternehmen, Leads zu qualifizieren und zu identifizieren, die ein erhöhtes Interesse an ihren Produkten oder Dienstleistungen zeigen.

Durch die Automatisierung dieses Prozesses sparen Unternehmen Zeit und Ressourcen bei der manuellen Erfassung von Kundendaten. Chatbots können auf standardisierte Weise Informationen sammeln und den Erfassungsprozess effizient gestalten. Dies führt zu einer erhöhten Effektivität und Skalierbarkeit des Lead-Generierungsprozesses.

Die gesammelten und qualifizierten Leads ermöglichen es dem Unternehmen, gezielte Marketingmaßnahmen durchzuführen. Durch das Verständnis der Bedürfnisse und Vorlieben der potenziellen Kunden können personalisierte Marketingbotschaften und Angebote entwickelt werden.

Dies erhöht die Conversion-Chancen, da den potenziellen Kunden genau das präsentiert wird, was für sie relevant ist.

Durch den Einsatz von Chatbots zur Lead-Generierung können Unternehmen auch den Verkaufsprozess effizienter gestalten. Qualifizierte Leads können direkt an das Vertriebsteam weitergeleitet werden, was zu einer optimierten Verkaufsstrategie führt. Das Vertriebsteam kann gezielt auf qualifizierte Kontakte eingehen und ihnen maßgeschneiderte Lösungen präsentieren.

Insgesamt ermöglichen Chatbots eine automatisierte Lead-Generierung, bei der gezielte Fragen gestellt, Informationen erfasst und Leads qualifiziert werden. Dies erleichtert Unternehmen die Identifizierung von potenziellen Kunden mit einem erhöhten Interesse und eröffnet Möglichkeiten für eine effektive, personalisierte Kundenansprache und gezielte Marketingmaßnahmen.

3. Effektive Follow-Up-Kommunikation: AI Chatbots können auch bei der anschließenden Kommunikation mit potenziellen Kunden hilfreich sein. Sie können automatisierte Follow-Up-Nachrichten senden, um das Interesse der Kunden aufrechtzuerhalten, weitere Informationen bereitzustellen oder spezielle Angebote zu präsentieren. Diese kontinuierliche Kommunikation trägt dazu bei, das Vertrauen zu stärken und die Konversionsrate zu erhöhen.

4. Personalisierte Empfehlungen: Chatbots auf Grundlage von künstlicher Intelligenz können auf Basis von Datenanalysen personalisierte Empfehlungen abgeben. Durch die Analyse von Kundenpräferenzen, Kaufhistorie und Verhaltensmustern können Chatbots individuell zugeschnittene Produktempfehlungen geben. Dies erhöht die Wahrscheinlichkeit einer Konversion, da die Kunden relevante Vorschläge erhalten.

5. Skalierbarkeit und Kosteneffizienz: AI Chatbots sind skalierbar und können gleichzeitig mehrere Kundengespräche führen, wodurch Unternehmen eine größere Anzahl von potenziellen Kunden bedienen können. Im Vergleich zu menschlichen Supportteams sind Chatbots kosteneffizienter, da sie keine Pausen benötigen und rund um die Uhr verfügbar sind. Dadurch können Unternehmen ihre Ressourcen effektiver nutzen und die Kundengewinnung optimieren.

Die Verwendung von AI Chatbots zur Kundengewinnung kann Unternehmen dabei helfen, effizienter und effektiver zu arbeiten. Sie verbessern die Kundenkommunikation, automatisieren Lead-Generierungsprozesse, bieten personalisierte Empfehlungen und ermöglichen eine skalierbare Kundenbetreuung. Durch den Einsatz von AI Chatbots werden potenzielle Kunden besser betreut und die Chancen einer erfolgreichen Kundengewinnung erhöht.

4.6 Geld verdienen im Internet mit AI-Unterstützung[5]

Es gibt verschiedene Möglichkeiten, mit Künstlicher Intelligenz (KI) online Geld zu verdienen. Hier sind einige Ansätze. Dennoch ist vielleicht grundsätzlich erwähnt, dass mit AI-Anwendungen auch die Erstellung von generiertem Content massiv zugenommen hat. Damit haben es insbesondere

Marketer schwieriger aus der Masse hervorzustechen.

Dennoch sei gesagt, dass AI-Anwendungen grundsätzlich Vorteile bieten. Die höhere Produktivität und die zahlreichen neuen kreativen Optionen können ganz neue Wege eröffnen.

Dennoch wird auch mit AI Tools Geld verdienen im Internet keine leichte Aufgabe. Wer nicht unnötige Enttäuschungen erleben will, sollte zunächst den Markt näher betrachten. Mit den gewonnenen Informationen können auch die eingesetzten AI-Tools noch wirkungsvoller eingesetzt werden.

- **Entwickeln und Verkaufen von KI-Software:**

Wenn Sie über Programmierkenntnisse im Bereich der KI verfügen, können Sie eigene KI-Software oder KI-Anwendungen entwickeln und sie über Online-Plattformen verkaufen. Dies könnte beispielsweise eine KI-gestützte Chatbot-Lösung, eine Bilderkennungssoftware oder eine Anwendung zur Datenanalyse sein.

- **Monetarisierung von Inhalten**

Sie könnten Inhalte wie **Artikel, Videos oder Podcasts** erstellen, die sich mit dem Thema Künstliche Intelligenz befassen. Durch die Steigerung Ihrer Reichweite und den Aufbau einer treuen Zuschauerschaft können Sie **Werbung, Sponsoring** oder **Premium-Inhalte** nutzen, um Einnahmen zu generieren.
Das Thema AI erlebt momentan einen sagenhaften Hype. Dadurch entsteht auch eine große Nachfrage von Unternehmen und Privatleuten. Auch Affiiate Marketing kann mit AI-Tools gestaltet und automatisiert werden.

- **Als KI-Experte Seminare halten**

Plattformen für Freelancer bieten Möglichkeiten, als KI-

Experte zu arbeiten. Sie können Ihre Fähigkeiten in den Bereichen maschinelles Lernen, Datenanalyse oder natürliche Sprachverarbeitung anbieten und Projekte für Unternehmen oder Einzelpersonen durchführen. Außerdem besteht die Möglichkeit Seminare zum Thema KI anzubieten. Dort können dann zum Beispiel verschiedene Anwendungen präsentiert werden und erste Praxiserfahrungen gesammelt werden.

- **Erstellen und Verkaufen von KI-Datensätzen**

Künstliche Intelligenz benötigt oft große Mengen an Trainingsdaten. Wenn Sie Zugang zu qualitativ hochwertigen Datensätzen haben oder in der Lage sind, solche Datensätze zu erstellen, können Sie diese verkaufen oder als Service für Unternehmen anbieten.

Es ist wichtig zu beachten, dass der Erfolg beim Geldverdienen mit KI online von Ihren Kenntnissen, Fähigkeiten und Ihrer Erfahrung abhängt.

Investieren Sie Zeit und Mühe, um Ihre Fähigkeiten in diesem Bereich weiterzuentwickeln und relevante Netzwerke aufzubauen, um Ihre Chancen zu maximieren.

KAPITEL 5: E-MAIL-MARKETING MIT CASE STUDY BEISPIELEN

E-Mail-Marketing ist die führende Marketingstrategie im Onlinehandel. Dennoch haben viele Einsteiger Probleme mit dem Beginn einer passenden E-Mail-Marketing Strategie. Die folgenden Statistiken zeigen zunächst Mal, dass E-Mail-Kampagnen wirkungsvoll sind.

5.1 E-Mail-Marketing Kampagnen Statistiken

E-Mail-Marketing kann sehr effektiv sein, wenn es richtig eingesetzt wird. Es gibt mehrere Gründe, warum E-Mail-Marketing eine hohe Wirksamkeit aufweisen kann. Aber zunächst zu den harten Fakten:

Es gibt verschiedene Statistiken, die den Einsatz von E-Mail-Marketing als effektives Marketinginstrument bestätigen:

1. Laut einer Studie von DMA (Direct Marketing Association) erzielt E-Mail-Marketing im Durchschnitt einen **ROI (Return on Investment) von 3800%**, was bedeutet, dass pro investiertem Dollar 38 Dollar zurückkommen.
2. Laut einer Umfrage von SaleCycle nutzen **80% der Marketer E-Mail-Marketing zur Kundenbindung und -pflege**, was darauf hindeutet, dass es als effektive Methode angesehen wird, um bestehende Kunden zu halten und zu binden.

3. Eine Studie von Econsultancy hat gezeigt, dass **73% der**

Marketer E-Mail-Marketing als eine der leistungsfähigsten digitalen Marketing-Methoden betrachten, um Conversions zu erzielen.

4. Laut einer Umfrage von Ascend2 gaben **64% der Befragten** an, dass E-Mail-Marketing am effektivsten bei der Kundenbindung und -pflege ist.

5. Laut Statista betrug die durchschnittliche Öffnungsrate von Marketing-E-Mails im Jahr 2019 weltweit **22,15%,** was zeigt, dass eine beträchtliche Anzahl von Empfängern die E-Mails öffnet und liest.

6. Laut einer Statistik von Litmus hatten HTML-E-Mails im Jahr 2020 eine durchschnittliche **Klickrate von 2,61%**, was bedeutet, dass Empfänger auf Links in den E-Mails klicken und weitere Aktionen durchführen.

Diese Statistiken zeigen, dass E-Mail-Marketing nach wie vor ein effektiver Kanal ist, um Conversions zu erzielen, Kunden zu binden und einen **positiven ROI** zu erzielen. Es ist jedoch wichtig zu beachten, dass die Effektivität von E-Mail-Marketing von verschiedenen Faktoren wie Zielgruppe, Inhalt, Gestaltung und Versandzeitpunkt abhängt. Die folgende Aufstellung zeigt einige wesentliche Vorteile von E-Mail-Marketing:

Mit einem gut gepflegten E-Mail-Verteiler können Sie direkt eine große Anzahl von Menschen erreichen. Im Vergleich zu anderen Marketingkanälen wie sozialen Medien oder Suchmaschinenwerbung haben Sie mit E-Mail-Marketing direkten Zugang zu den Posteingängen Ihrer Empfänger.

E-Mail-Marketing ermöglicht es Ihnen, personalisierte Inhalte und Angebote anzubieten. Durch die Segmentierung Ihres Verteilers können Sie gezielte Nachrichten an spezifische

Zielgruppen senden und so eine höhere Relevanz und Effektivität erzielen.

E-Mail-Marketing bietet Ihnen die Möglichkeit, die Performance Ihrer Kampagnen genau zu messen und zu analysieren. Sie können Kennzahlen wie Öffnungsrate, Klickrate und Conversion-Rate verfolgen und so den Erfolg Ihrer Marketingaktivitäten messen und optimieren.

Mit Hilfe von E-Mail-Marketing-Tools können Sie automatisierte Kampagnen erstellen, die je nach Verhalten der Empfänger ausgelöst werden. Dadurch können Sie personalisierte und relevante Inhalte zur richtigen Zeit anbieten und so eine höhere Wirksamkeit erzielen.

E-Mail-Marketing ermöglicht es Ihnen, eine langfristige Beziehung zu Ihren Kunden aufzubauen und diese langfristig an Ihr Unternehmen zu binden. Durch regelmäßige und relevante Kommunikation können Sie Kundenbindung und Kundenloyalität fördern.

Im Vergleich zu anderen Marketingkanälen ist E-Mail-Marketing kostengünstig. Sie können große Zielgruppen zu niedrigen Kosten erreichen und Ihre Marketingbudgets effektiv einsetzen. Eine sorgfältige Planung, Umsetzung und Optimierung Ihrer E-Mail-Marketingstrategie ist entscheidend, um maximale Wirksamkeit zu erzielen.

- **Bedeutung des E-Mail-Marketings für Unternehmen**

Das E-Mail-Marketing spielt eine wichtige Rolle für Unternehmen und Startups aus verschiedenen Gründen:

1. Direkter Zugang Zur Zielgruppe

Mit Hilfe von E-Mail-Marketing gelangen Sie direkt in die

Posteingänge Ihrer Kunden und potenziellen Kunden. Dadurch haben Sie eine direkte und persönliche Verbindung zu Ihrer Zielgruppe.

2. Effektive Kommunikation

E-Mail-Marketing ermöglicht es Ihnen, Ihre Botschaften effektiv und gezielt zu kommunizieren. Sie können personalisierte Inhalte und Angebote erstellen, die auf die individuellen Bedürfnisse und Interessen Ihrer Empfänger abgestimmt sind.

3. Kundenbindung Und Kundenbindung

Durch regelmäßige und relevante Kommunikation mit Ihren Kunden können Sie eine nachhaltige Kundenbindung aufbauen und Ihre Kunden langfristig an Ihr Unternehmen binden.

4. Umsatz- Und Gewinnsteigerung

Ein gut geplantes E-Mail-Marketing kann dazu beitragen, den Umsatz und die Gewinne Ihres Unternehmens zu steigern. Durch gezielte Kampagnen, Cross-Selling und Upselling können Sie mehr Verkäufe generieren und den Kundenwert erhöhen.

5. Messbarkeit Und Analyse

E-Mail-Marketing ermöglicht eine genaue Messung und Analyse der Performance Ihrer Kampagnen. Sie können Kennzahlen wie Öffnungsrate, Klickrate und Conversion-Rate verfolgen und Ihr Marketing kontinuierlich optimieren.

6. Kosteneffizienz

Im Vergleich zu anderen Marketingkanälen ist E-Mail-Marketing kostengünstig. Sie können große Zielgruppen zu niedrigen Kosten erreichen und Ihre Marketingbudgets effektiv einsetzen.

7. Automatisierungsmöglichkeiten

Mit E-Mail-Marketing-Tools können Sie automatisierte Kampagnen erstellen, die je nach Verhalten der Empfänger ausgelöst werden. Dadurch können Sie personalisierte und relevante Inhalte zur richtigen Zeit anbieten.

Insgesamt kann E-Mail-Marketing für Unternehmen und Startups ein leistungsstarkes Instrument sein, um Kunden zu gewinnen, zu binden und den Umsatz zu steigern. Es ermöglicht eine direkte und persönliche Kommunikation mit Ihrer Zielgruppe und bietet vielfältige Möglichkeiten für gezielte und effektive Marketingkampagnen.

- **Rechtliche Aspekte und Datenschutz im E-Mail Marketing**

Es gibt **mehrere rechtliche Aspekte** und **Datenschutzbestimmungen**, die beim E-Mail-Marketing beachtet werden müssen. Hier sind einige wichtige Punkte:

Sie benötigen die **ausdrückliche Einwilligung der Empfänger**, um ihnen Werbe-E-Mails zusenden zu können. Es ist wichtig sicherzustellen, dass die Einwilligung freiwillig und informiert abgegeben wurde und dass die Kontaktdaten korrekt erfasst wurden.

Es wird empfohlen, das Opt-In-Verfahren zu verwenden, bei dem die Empfänger aktiv bestätigen müssen, dass sie Werbe-E-Mails erhalten möchten. Das Double-Opt-In-Verfahren geht einen Schritt weiter und erfordert eine zusätzliche Bestätigung per E-Mail.
In jeder Werbe-E-Mail muss eine **klare Möglichkeit zur Abmeldung** vorhanden sein. Empfänger müssen in der Lage sein, sich einfach und sofort von der E-Mail-Liste abzumelden.

Jede geschäftliche E-Mail, einschließlich Werbe-E-Mails, muss ein Impressum enthalten. Dieses muss Angaben zum Unternehmen und Kontaktdaten enthalten.

Sie dürfen personenbezogene Daten nur zum Zweck des E-Mail-Marketings verwenden und müssen sicherstellen, dass diese Daten sicher behandelt werden. Es ist wichtig, dass Sie die geltenden Datenschutzbestimmungen, wie beispielsweise die DSGVO (Datenschutz-Grundverordnung), einhalten.

Sie dürfen personenbezogene Daten ohne ausdrückliche Einwilligung nicht an Dritte weitergeben oder verkaufen.

Wenn Sie Tracking-Technologien wie Tracking-Pixel oder Link-Tracking in Ihren E-Mails verwenden, müssen Sie offen darüber informieren und den Empfängern die Möglichkeit geben, dem Tracking zu widersprechen.

Es ist wichtig, die jeweiligen nationalen und internationalen Vorschriften zu beachten und gegebenenfalls rechtlichen Rat einzuholen, um sicherzustellen, dass Sie alle rechtlichen Anforderungen beim E-Mail-Marketing erfüllen.

5.2 Aufbau einer erfolgreichen E-Mail-Marketing-Kampagne

Die Zielgruppendefinition und -segmentierung ist ein wichtiger Schritt bei der Planung einer E-Mail-Kampagne, um sicherzustellen, dass die richtige Botschaft an die richtigen Empfänger gesendet wird. Hier sind einige Schritte, die zur Zielgruppendefinition und -segmentierung durchgeführt werden können:

Identifizieren Sie demografische Merkmale wie Alter, Geschlecht, Einkommen, Beruf, Standort usw. Dies hilft dabei, die generelle Zielgruppe zu definieren.

Analysieren Sie das Kaufverhalten Ihrer Kunden, um Muster und Präferenzen herauszufinden. Dies kann helfen, spezifische Bedürfnisse und Interessen der Zielgruppe zu identifizieren.

Erfassen Sie Informationen über Interessen und Vorlieben Ihrer Kunden, z. B. Hobbys, Lieblingsmarken oder Sektoren. Dies ermöglicht es Ihnen, personalisierte Inhalte zu erstellen, die auf die spezifischen Interessen der Zielgruppe abzielen.

Segmentieren Sie Ihre Zielgruppe basierend auf dem Engagement und der Loyalität Ihrer Kunden. Dies kann anhand von Kriterien wie Einkaufshäufigkeit, Wert der Einkäufe oder Nutzungserfahrung erfolgen. Kunden, die bereits eine starke Bindung haben, können unterschiedliche Botschaften erhalten als neue Kunden oder solche, die weniger aktiv sind.

Analysieren Sie das Verhalten Ihrer Kunden, z.B. Öffnungs- und Klickverhalten von früheren E-Mails, um eine datengesteuerte Segmentierung vorzunehmen. Dadurch können Sie bestimmte Kundengruppen identifizieren, die bestimmte Aktionen ausgeführt haben oder bestimmte Informationen benötigen.

Durch diese Schritte zur Zielgruppendefinition und -segmentierung können Sie sicherstellen, dass Sie Ihre Kunden besser verstehen und ihnen gezielte und relevante Inhalte liefern. Dies kann zu einer höheren Klickrate, Conversion-Rate und letztendlich zu einer besseren Rendite für Ihre E-Mail-Kampagne führen.

Das Erstellen einer ansprechenden E-Mail-Vorlage ist ein wichtiger Schritt, um sicherzustellen, dass Ihre E-Mails professionell aussehen und Ihre Botschaft effektiv vermittelt wird. Hier sind einige Tipps, die Ihnen helfen können, eine ansprechende E-Mail-Vorlage zu erstellen:

- Halten Sie das Design Ihrer E-Mail einfach und übersichtlich. Verwenden Sie klare Überschriften, Absätze und Absätze, um den Text leicht lesbar zu machen. Vermeiden Sie zu viele verschiedene Schriftarten und Farben, um ein einheitliches und professionelles Erscheinungsbild zu gewährleisten.

- Platzieren Sie eine klare Call-to-Action in Ihrer E-Mail, um den Empfänger dazu zu ermutigen, auf Ihre E-Mail zu reagieren. Verwenden Sie gut sichtbare Schaltflächen oder Links, die den Empfänger direkt auf die gewünschte Aktion führen, z. B. zum Kauf eines Produkts oder zur Registrierung für einen Newsletter.

- Personalisieren Sie Ihre E-Mail, indem Sie den Namen des Empfängers verwenden und auf frühere Interaktionen oder Käufe Bezug nehmen. Dies zeigt, dass Sie sich um Ihre Kunden kümmern und ihre Bedürfnisse und Interessen berücksichtigen.

- 4. Mobile Optimierung: Stellen Sie sicher, dass Ihre E-Mail-Vorlage für mobile Geräte optimiert ist. Viele Menschen lesen ihre E-Mails auf ihren Smartphones oder Tablets, daher ist es wichtig, dass Ihre E-Mails auf verschiedenen Bildschirmgrößen und Geräten gut aussehen.

- Testen und Anpassen: Testen Sie Ihre E-Mail-Vorlage, bevor Sie sie an Ihre Zielgruppe senden. Überprüfen Sie, ob alle Links korrekt funktionieren, Bilder richtig angezeigt werden und der Text gut lesbar ist. Nehmen Sie bei Bedarf Anpassungen vor, um sicherzustellen, dass Ihre E-Mail-Vorlage optimal funktioniert.

- Branding: Integrieren Sie Ihr Firmenlogo und Ihre Farben in Ihre E-Mail-Vorlage, um eine einheitliche Markenidentität zu schaffen. Dies hilft dabei, Ihre Marke zu stärken und wiedererkennbar zu machen.

Durch die Erstellung einer ansprechenden E-Mail-Vorlage können Sie sicherstellen, dass Ihre E-Mails professionell aussehen und effektiv Ihre Botschaft vermitteln. Dies kann zu einer höheren Öffnungs- und Klickrate sowie zu einer besseren Interaktion mit Ihren Empfängern führen.

Bei der Erstellung einer E-Mail-Kampagne sind die Betreffzeile und die Call-to-Action-Elemente entscheidend für den Erfolg Ihrer Botschaft. Hier sind einige Tipps zur Gestaltung dieser Elemente:

Betreffzeile

1. Kürze und Klarheit: Halten Sie die Betreffzeile kurz und prägnant, damit sie dem Empfänger sofort klar wird.
2. Personalisierung: Verwenden Sie den Namen des Empfängers in der Betreffzeile, um eine persönlichere Ansprache zu ermöglichen.
3. Neugier wecken: Verwenden Sie Fragen oder spannende

Formulierungen, um die Neugier des Empfängers zu wecken und ihn dazu zu bringen, die E-Mail zu öffnen.
4. Relevanz: Machen Sie deutlich, warum die E-Mail für den Empfänger relevant ist und welchen Nutzen oder Mehrwert sie bietet.
5. Vermeidung von Spam-Wörtern: Achten Sie darauf, Wörter zu vermeiden, die als Spam-Merkmale erkannt werden könnten, um eine hohe Zustellbarkeit sicherzustellen.

Call-To-Action-Elemente

1. Klarheit: Gestalten Sie den Call-to-Action-Button oder -Link so, dass er auf den ersten Blick erkennbar ist und keine Verwirrung hervorruft.
2. Auffälligkeit: Machen Sie den Call-to-Action deutlich sichtbar, indem Sie ihn mit einer auffälligen Farbe oder einem auffälligen Design versehen.
3. Knappheit: Erzeugen Sie ein Gefühl der Dringlichkeit, indem Sie eine begrenzte Zeitaktion oder begrenzte Verfügbarkeit betonen.
4. Aktiver und eindeutiger Text: Verwenden Sie aktive Verben und einen eindeutigen Text, der klar beschreibt, welche Aktion der Empfänger ausführen soll.
5. Platzierung: Platzieren Sie den Call-to-Action an einer gut sichtbaren Stelle in der E-Mail, idealerweise im oberen Bereich oder innerhalb des Textinhalts.

Durch eine gut gestaltete Betreffzeile und Call-to-Action-Elemente können Sie die Öffnungs- und Klickrate Ihrer E-Mail-Kampagne verbessern und die gewünschte Reaktion von Ihren Empfängern erzielen.

Experimentieren Sie mit verschiedenen Ansätzen und überprüfen Sie regelmäßig die Leistung Ihrer Betreffzeile und Call-to-Action, um Optimierungsmöglichkeiten zu erkennen.

Personalisierung Und Individualisierung Der E-Mails

in einer Kampagne sind wichtige Strategien, um eine persönlichere und relevantere Kommunikation mit den Empfängern zu ermöglichen. Hier sind einige Möglichkeiten, wie Sie Personalisierung und Individualisierung in Ihrer E-Mail-Kampagne umsetzen können:

1. Verwenden Sie den Namen des Empfängers: Fügen Sie den Namen des Empfängers in der Anrede oder der Betreffzeile hinzu, um eine persönlichere Ansprache zu ermöglichen.

2. Segmentierung der Zielgruppe: Teilen Sie Ihre Empfänger in verschiedene Segmente auf, basierend auf Kriterien wie Alter, Geschlecht, Standort oder Kaufverhalten. Dadurch können Sie gezieltere und relevantere Botschaften versenden.

3. Dynamische Inhalte: Passen Sie den Inhalt Ihrer E-Mails an die Interessen und Vorlieben der Empfänger an. Verwenden Sie zum Beispiel Informationen über vergangene Käufe oder das Nutzerverhalten, um personalisierte Produktvorschläge zu machen.

4. Spezielle Angebote und Rabatte: Erstellen Sie exklusive Angebote oder Rabatte, die speziell auf den Empfänger zugeschnitten sind. Dies kann dazu beitragen, das Gefühl der Individualisierung zu verstärken und den Empfänger zu einer Interaktion zu motivieren.

5. Automatisierte Trigger-E-Mails: Nutzen Sie automatisierte E-Mails, die auf bestimmte Handlungen oder Ereignisse des Empfängers reagieren, wie zum Beispiel Geburtstagsgrüße oder eine Bestätigung nach einem Einkauf.

6. A/B-Tests: Testen Sie verschiedene Versionen Ihrer E-Mail mit unterschiedlichen Personalisierungs- und Individualisierungselementen, um herauszufinden, welche am besten funktionieren und welche eine höhere Interaktionsrate erzielen.

Durch die Implementierung von Personalisierung und Individualisierung in Ihrer E-Mail-Kampagne können Sie die Relevanz und den Mehrwert für die Empfänger erhöhen und so eine höhere Engagement-Rate erreichen.

Testen Und Optimieren Der Kampagnen

Das Testen und Optimieren Ihrer E-Mail-Kampagnen ist ein wesentlicher Schritt, um sicherzustellen, dass Sie die gewünschten Ergebnisse erzielen. Hier sind einige wichtige Aspekte, die Sie beim Testen und Optimieren Ihrer Kampagnen berücksichtigen sollten:

1. Betreffzeile: Testen Sie verschiedene Betreffzeilen, um herauszufinden, welche die höchste Öffnungsrate erzielen. Experimentieren Sie zum Beispiel mit Personalisierung, verschiedenen Ansätzen oder Fragen.

2. Inhalt: Testen Sie verschiedene Varianten des Inhalts, wie zum Beispiel unterschiedliche Bilder, Texte oder Anrufe zum Handeln, um die Klickrate und die Conversion-Rate zu optimieren.

3. Call-to-Action: Testen Sie verschiedene Arten von Call-to-Action-Buttons, wie zum Beispiel "Jetzt kaufen", "Mehr erfahren" oder "Angebot sichern", um herauszufinden, welche den Empfänger am besten dazu motivieren, weiter zu klicken oder eine gewünschte Aktion auszuführen.

4. Versandzeitpunkt: Testen Sie verschiedene Versandzeiten, um die Öffnungs- und Klickraten zu maximieren. Experimentieren Sie mit verschiedenen Tageszeiten und Wochentagen, um herauszufinden, wann Ihre Empfänger am empfänglichsten sind.

5. Segmentierung: Testen Sie verschiedene Segmentierungskriterien und -methoden, um herauszufinden, welche Ihre Zielgruppe am besten anspricht. Experimentieren Sie mit demografischen Daten, Kaufverhalten, Interessen oder anderen relevanten Faktoren.

6. Landing Pages: Testen Sie verschiedene Landing Pages, auf die Ihre Empfänger nach dem Klick weitergeleitet werden. Optimieren Sie das Design, den Inhalt und die Benutzerfreundlichkeit, um die Conversion-Rate zu maximieren.

7. Analyse und Überwachung: Überwachen Sie kontinuierlich die Leistung Ihrer Kampagne und analysieren Sie die Daten, um Schwachstellen zu identifizieren und Verbesserungspotenzial zu erkennen. Verwenden Sie Tools wie Google Analytics oder spezialisierte E-Mail-Marketing-Plattformen, um detaillierte Einblicke in die Performance Ihrer Kampagne zu erhalten.

Durch regelmäßige Tests und Optimierungen können Sie das volle Potenzial Ihrer E-Mail-Kampagnen ausschöpfen und sicherstellen, dass Sie das beste Ergebnis erzielen.

5.3 Aufbau einer E-Mail-Kontaktliste

Die Erstellung einer E-Mail-Kontaktliste kann eine Herausforderung sein, aber es gibt verschiedene Strategien, die Ihnen helfen können, neue Abonnenten zu gewinnen:

1. Opt-in-Formular: Platzieren Sie ein Opt-in-Formular auf Ihrer Website, auf dem Besucher ihre E-Mail-Adresse eingeben können, um sich für Ihren Newsletter anzumelden. Stellen Sie sicher, dass das Formular leicht zu finden ist und einen klaren Vorteil oder Anreiz bietet, um sich anzumelden.

2. Pop-up-Fenster: Verwenden Sie Pop-up-Fenster oder modale Fenster, um Besucher dazu zu ermutigen, sich für Ihren Newsletter anzumelden. Bieten Sie einen Rabatt, ein kostenloses E-Book oder andere wertvolle Inhalte als Anreiz an.

3. Social Media: Nutzen Sie Ihre Social-Media-Profile, um für Ihren Newsletter zu werben. Erstellen Sie ansprechende Beiträge, die auf die Vorteile des Abonnierens hinweisen, und fügen Sie einen einfachen Anmelde-Link hinzu.

4. Werbung: Schalten Sie gezielte Werbeanzeigen auf Plattformen wie Facebook oder Google, um potenzielle Abonnenten anzusprechen. Verwenden Sie attraktive Bilder oder Videos und eine klare Call-to-Action, um die Anmeldung zu erleichtern.

5. Kooperationen: Kooperieren Sie mit anderen Unternehmen oder Influencern, um Ihre Reichweite zu erhöhen. Erstellen Sie gemeinsame Aktionen oder bieten Sie exklusive Inhalte an, um neue Abonnenten anzulocken.

6. Veranstaltungen: Nutzen Sie Veranstaltungen wie Webinare,

Konferenzen oder Messen, um Besucher zu ermutigen, sich für Ihren Newsletter anzumelden. Stellen Sie sicher, dass das Anmeldeverfahren einfach ist und dass Sie einen Anreiz bieten, wie zum Beispiel einen exklusiven Rabattcode.

7. Empfehlungen: Bitten Sie bestehende Abonnenten oder Kunden, Ihren Newsletter an ihre Freunde und Bekannten weiterzuempfehlen. Bieten Sie ihnen einen Anreiz oder belohnen Sie sie auf irgendeine Weise, wenn sie neue Abonnenten gewinnen.

Denken Sie daran, dass das Erstellen einer E-Mail-Kontaktliste Zeit und Geduld erfordert. Konzentrieren Sie sich darauf, qualitativ hochwertige Inhalte und Angebote anzubieten, um das Interesse potenzieller Abonnenten zu wecken und sie zur Anmeldung zu motivieren.

Die Integration von Anmeldeformularen auf Ihrer Website kann auf verschiedene Arten erfolgen, je nachdem, welche Plattform oder Software Sie für die Verwaltung Ihrer E-Mail-Kontaktliste verwenden. Hier sind drei gängige Möglichkeiten:

1. Verwenden Sie ein E-Mail-Marketing-Tool: Die meisten E-Mail-Marketing-Tools bieten die Möglichkeit, Anmeldeformulare zu erstellen und auf Ihrer Website einzubetten. Loggen Sie sich in Ihr E-Mail-Marketing-Konto ein und suchen Sie nach der Option zur Erstellung eines Anmeldeformulars. In der Regel gibt es vorgefertigte Formularvorlagen, die Sie anpassen können. Nachdem Sie das Formular erstellt haben, erhalten Sie einen Code, den Sie auf Ihrer Website einfügen können, um das Formular anzuzeigen.

2. Nutzen Sie einen Website-Builder oder Content-Management-System (CMS): Wenn Sie eine Website mit einem Website-Builder oder CMS erstellt haben, können Sie in der Regel ein Plugin oder Widget verwenden, um ein Anmeldeformular einzufügen. Suchen Sie nach einem Plugin, das mit

Ihrem E-Mail-Marketing-Tool kompatibel ist, oder fragen Sie Ihren Website-Builder oder CMS-Anbieter nach integrierten Funktionen zur Formularerstellung.

3. Programmierung eines eigenen Formulars: Wenn Sie über technisches Wissen in der Webentwicklung verfügen, können Sie auch ein eigenes Anmeldeformular programmieren. Verwenden Sie HTML und CSS, um das Formular zu erstellen, und PHP, JavaScript oder eine andere serverseitige Skriptsprache, um das Formular an Ihre E-Mail-Liste anzubinden. Dafür benötigen Sie Informationen zur API Ihres E-Mail-Marketing-Tools, um die Daten des Formulars an die entsprechende Liste zu senden.

Unabhängig von der Methode, die Sie wählen, stellen Sie sicher, dass Ihr Anmeldeformular ansprechend und benutzerfreundlich gestaltet ist. Fragen Sie nur nach den notwendigen Informationen (meistens Name und E-Mail-Adresse), und geben Sie klare Anweisungen, wie die Besucher sich anmelden können. Fügen Sie auch einen klaren Call-to-Action hinzu, um die Anmeldung zu fördern, und testen Sie das Formular, um sicherzustellen, dass es ordnungsgemäß funktioniert.

Es gibt mehrere Maßnahmen, die Sie ergreifen können, um Spam und unerwünschte Abmeldungen beim E-Mail-Marketing zu vermeiden:

1. Double Opt-in: Bieten Sie ein Double-Opt-in-Verfahren an, bei dem sich Abonnenten nach der Anmeldung in einer Bestätigungs-E-Mail erneut anmelden müssen. Dadurch stellen Sie sicher, dass die Anmeldung absichtlich erfolgt und dass die E-Mail-Adresse gültig ist.

2. Transparente Anmeldeverfahren: Stellen Sie sicher, dass Ihre Anmeldeverfahren klar und transparent sind. Informieren Sie

Ihre potenziellen Abonnenten darüber, welche Art von Inhalten sie erwarten können und wie oft sie E-Mails von Ihnen erhalten werden. Dadurch können sie eine fundierte Entscheidung treffen und wissen, was sie erwartet.

3. Qualitätsinhalte: Bieten Sie Ihren Abonnenten hochwertige Inhalte an, die für ihre Bedürfnisse relevant sind. Wenn Ihre E-Mails einen Mehrwert bieten und die Erwartungen Ihrer Abonnenten erfüllen, werden sie eher geneigt sein, Ihre E-Mails weiterhin zu öffnen und zu lesen.

4. Personalisierung: Personalisieren Sie Ihre E-Mails, um sicherzustellen, dass sie für Ihre Abonnenten relevant und interessant sind. Durch die Verwendung von Informationen über ihre Interessen und Vorlieben können Sie personalisierte Inhalte anbieten, die ihre Aufmerksamkeit halten.

5. Regelmäßige und konsistente Kommunikation: Stellen Sie sicher, dass Sie regelmäßig mit Ihren Abonnenten kommunizieren, aber übertreiben Sie es nicht. Finden Sie die richtige Balance zwischen zu vielen und zu wenigen E-Mails, um das Interesse Ihrer Abonnenten aufrechtzuerhalten.

6. Einfacher Abmeldungsprozess: Stellen Sie sicher, dass der Abmeldeprozess einfach und unkompliziert ist. Fügen Sie einen deutlichen Abmeldelink am Ende jeder E-Mail hinzu und respektieren Sie den Wunsch der Abonnenten, sich abzumelden.

7. Vermeiden Sie den Kauf von E-Mail-Listen: Vermeiden Sie den Kauf von E-Mail-Listen, da diese oft nicht qualifizierte Kontakte enthalten und zu einer hohen Anzahl von Spambeschwerden und Abmeldungen führen können. Es ist besser, organisch gewachsene E-Mail-Listen aufzubauen, indem Sie qualitativ hochwertige Inhalte und Anreize anbieten.

Durch die Implementierung dieser Maßnahmen können Sie die Wahrscheinlichkeit von Spam-Beschwerden und

unerwünschten Abmeldungen reduzieren und eine gesunde und engagierte E-Mail-Liste aufbauen.

5.4 Automatisierung im E-Mail-Marketing

Im E-Mail-Versand sind vielfältig und können Ihr E-Mail-Marketing deutlich effektiver machen. Hier sind einige Möglichkeiten und Vorteile der Marketing Automatisierung im E-Mail-Versand

1. Segmentierung: Mit der Marketing-Automatisierung können Sie Ihre Abonnenten in verschiedene Segmente aufteilen basierend auf Kriterien wie demografische Merkmale, Verhaltensweisen oder Interessen. Dadurch können Sie gezielte und relevante E-Mails an spezifische Zielgruppen senden und die Wahrscheinlichkeit erhöhen, dass sie geöffnet und gelesen werden.

2. Trigger-Mails: Mithilfe der Marketing-Automatisierung können Sie E-Mails automatisch basierend auf bestimmten Ereignissen oder Aktionen versenden. Zum Beispiel können Sie eine Willkommens-E-Mail an neue Abonnenten senden oder eine Follow-up-E-Mail an Personen, die einen Kauf getätigt haben. Durch diese automatisierten Trigger-Mails können Sie den Kundenlebenszyklus optimieren und die Interaktion mit Ihren Kunden verbessern.

3. Lead-Nurturing: Mit der Marketing-Automatisierung können Sie automatisierte E-Mail-Kampagnen erstellen, um potenzielle Kunden zu pflegen und sie durch den Verkaufstrichter zu führen. Sie können personalisierte E-Mails senden, die auf den Interaktionen und dem Verhalten des Nutzers basieren, und ihnen relevante und ansprechende Inhalte zur Verfügung stellen, um ihr Interesse zu steigern und sie zum Kauf zu bewegen.

4. A/B-Testing: Durch die Automatisierung können Sie A/B-Tests durchführen, um die Wirksamkeit Ihrer E-Mail-

Kampagnen zu optimieren. Sie können verschiedene Varianten Ihrer E-Mails testen, wie z.B. Betreffzeilen, Call-to-Actions oder Layouts, und die Ergebnisse analysieren, um Ihre E-Mails kontinuierlich zu verbessern und höhere Conversion-Raten zu erzielen.

5. Zeitersparnis: Die Automatisierung des E-Mail-Versands spart Ihnen Zeit und Ressourcen, da Sie nicht jede E-Mail manuell versenden und überwachen müssen. Sie können Ihre E-Mail-Kampagnen im Voraus planen und automatisch versenden, was Ihnen Zeit für andere Strategien und Aufgaben gibt.

6. Personalisierung: Durch die Automatisierung können Sie personalisierte E-Mails senden, die auf den individuellen Interessen und Vorlieben der Empfänger basieren. Sie können Informationen über ihre Interaktionen mit Ihrer Website oder anderen Kanälen nutzen, um sie mit relevanten und maßgeschneiderten Inhalten anzusprechen. Dies führt zu einer höheren Relevanz und einem verbesserten Kundenerlebnis.

7. Messbarkeit und Analyse: Mit der Marketing Automatisierung haben Sie Zugriff auf detaillierte Analysen und Berichte über den Erfolg Ihrer E-Mail-Kampagnen. Sie können Metriken wie Öffnungsraten, Klickraten und Conversions verfolgen und die Leistung Ihrer Kampagnen kontinuierlich überwachen und optimieren.

Die Marketing-Automatisierung im E-Mail-Versand bietet Ihnen die Möglichkeit, effektiver mit Ihren Abonnenten zu kommunizieren, Leads zu pflegen und Ihre E-Mail-Marketing-Strategie zu verbessern. Durch die Automatisierung können Sie Zeit sparen, personalisierte E-Mails senden und den Erfolg Ihrer Kampagnen messen und optimieren.

Die Erstellung automatisierter E-Mail-Sequenzen kann je nachdem, welche E-Mail-Marketing-Software Sie verwenden, leicht variieren. Im Allgemeinen gibt es jedoch einige grundlegende Schritte, die Sie befolgen können:

1. Definieren Sie Ihre Ziele: Überlegen Sie sich, was Sie mit Ihrer automatisierten E-Mail-Sequenz erreichen möchten. Möchten Sie neue Abonnenten willkommen heißen, Leads pflegen oder Kunden nach einem Kauf weiterhin engagieren?

2. Segmentierung: Teilen Sie Ihre Abonnenten in verschiedene Segmente auf, basierend auf Kriterien wie demografische Merkmale, Verhaltensweisen oder Interessen. Dadurch können Sie relevante und zielgerichtete E-Mails senden.

3. Planung der Sequenz: Überlegen Sie sich den Inhalt und den Zeitplan Ihrer automatisierten E-Mails. Welche Botschaften sollen in welcher Reihenfolge gesendet werden? Wie oft sollen die E-Mails versendet werden? Berücksichtigen Sie dabei den Kaufzyklus und die Interaktionshistorie Ihrer Abonnenten.

4. Erstellung der E-Mail-Vorlagen: Gestalten Sie professionelle und ansprechende E-Mail-Vorlagen, die Ihre Botschaft klar kommunizieren und die Markenidentität wiedergeben. Fügen Sie Personalisierungselemente hinzu, wie z.B. den Namen des Abonnenten.

5. Einrichtung des E-Mail Flows: Konfigurieren Sie Ihre Marketing-Automatisierungssoftware, um Ihre E-Mail-Sequenz zu erstellen. Legen Sie fest, auf welche Trigger oder Ereignisse Ihre E-Mails reagieren sollen, z.B. das Abonnieren eines Newsletters oder das Tätigen eines Kaufs. Stellen Sie sicher, dass Ihre E-Mails in der richtigen Reihenfolge versendet werden und dass gegebenenfalls Verzögerungen oder Bedingungen festgelegt werden.

6. A/B-Tests durchführen: Wenn Sie Ihre automatisierte E-Mail-Sequenz optimieren möchten, führen Sie A/B-Tests durch. Testen Sie verschiedene Varianten Ihrer E-Mails, wie Betreffzeilen, Call-to-Actions oder Layouts, um herauszufinden,

welche besser funktionieren und höhere Conversion-Raten erzielen.

7. Überwachung und Optimierung: Überprüfen Sie regelmäßig die Leistung Ihrer automatisierten E-Mail-Sequenz. Analysieren Sie Metriken wie die Öffnungs- und Klickraten, die Conversion-Raten und den Umsatz, um zu sehen, wie gut Ihre E-Mails funktionieren. Passen Sie Ihre Sequenz entsprechend an, um die Ergebnisse zu verbessern.

Es ist wichtig, dass Sie Ihre E-Mail-Sequenzen regelmäßig aktualisieren und anpassen, um sicherzustellen, dass sie effektiv bleiben und Ihre Marketingziele erreichen.

C. Dynamische Inhalte und Trigger-basierte E-Mails

Dynamische Inhalte und Trigger-basierte E-Mails können sehr effektive Strategien im E-Mail-Marketing sein. Hier sind einige Vorteile, die sie bieten:

1. Personalisierung: Durch die Verwendung von dynamischen Inhalten und Trigger-basierten E-Mails können Sie personalisierte Nachrichten an Ihre Abonnenten senden. Sie können beispielsweise den Namen des Abonnenten, seine Interessen oder Kaufhistorie verwenden, um individuell angepasste Inhalte bereitzustellen. Personalisierte E-Mails sind viel relevanter und führen oft zu einer höheren Öffnungs- und Klickrate.

2. Automatisierung: Mit Trigger-basierten E-Mails können Sie automatisch E-Mails senden, basierend auf bestimmten Aktionen oder Ereignissen, die von Ihren Abonnenten ausgelöst werden. Zum Beispiel könnten Sie eine Willkommens-E-Mail senden, sobald sich jemand für Ihren Newsletter anmeldet, oder eine Follow-up-E-Mail nach einem Kauf. Durch die Automatisierung solcher Prozesse sparen Sie Zeit und Ressourcen und können Ihren Abonnenten trotzdem immer relevante und zeitnahe Inhalte liefern.

3. Kundenbindung: Trigger-basierte E-Mails können Ihnen

dabei helfen, Ihre Kundenbindung zu stärken. Sie können beispielsweise automatische E-Mails senden, um Geburtstage oder Jubiläen Ihrer Kunden zu feiern, um ihnen spezielle Angebote oder Dankesnachrichten zu senden. Dadurch fühlen sich Ihre Kunden geschätzt und entwickeln eine stärkere Bindung zu Ihrer Marke.

4. Umsatzsteigerung: Durch die Verwendung von dynamischen Inhalten und Trigger-basierten E-Mails können Sie gezielt auf das Verhalten und die Bedürfnisse Ihrer Abonnenten eingehen. Sie können ihnen maßgeschneiderte Angebote, Empfehlungen oder Cross-Selling-Vorschläge machen, um ihre Kaufbereitschaft zu erhöhen. Dadurch können Sie Ihren Umsatz steigern und Ihre Marketingstrategien optimieren.

5. Verhaltensanalyse: Durch die Verfolgung des Verhaltens Ihrer Abonnenten in Bezug auf die geöffneten E-Mails, Klicks und Conversions können Sie wertvolle Einblicke gewinnen. Sie können sehen, welche Art von Inhalten bei Ihren Abonnenten am besten funktioniert, welche Aktionen sie dazu veranlassen, zu kaufen, und welche ihnen am meisten gefällt. Diese Informationen helfen Ihnen, Ihre zukünftigen Kampagnen und Inhalte besser zu optimieren.

Insgesamt bieten dynamische Inhalte und Trigger-basierte E-Mails viele Vorteile, um Ihre E-Mail-Marketingstrategie effektiver und zielgerichteter zu gestalten. Sie helfen Ihnen, Ihre Abonnenten enger an Ihre Marke zu binden, den Umsatz zu steigern und bessere Ergebnisse zu erzielen.

Analyse Und Optimierung Der Automatisierten Kampagnen

Die Analyse und Optimierung automatisierter Kampagnen im

E-Mail-Marketing beinhaltet mehrere Schritte. Hier sind einige wichtige Aspekte, die Sie berücksichtigen sollten:

1. **Datenverfolgung:** Implementieren Sie ein Tracking-System, um wichtige Metriken wie Öffnungsrate, Klickrate, Konversionsrate und Umsatz zu verfolgen. Verwenden Sie Analysetools wie Google Analytics, um detaillierte Einblicke in das Verhalten Ihrer Abonnenten zu erhalten.

2. **Segmentierung:** Analysieren Sie die Daten, um Ihre E-Mail-Liste in verschiedene Segmente zu unterteilen. Sie können nach demografischen Merkmalen, Kaufverhalten, Interessen oder anderen Kriterien segmentieren. Dadurch können Sie gezieltere Inhalte und Angebote an jeden einzelnen Segment senden.

3. **A/B-Tests:** Führen Sie A/B-Tests durch, um verschiedene Elemente und Variationen in Ihren automatisierten E-Mails zu testen. Sie könnten zum Beispiel verschiedene Betreffzeilen, Call-to-Actions, Bilder oder Layouts testen. Analysieren Sie die Testergebnisse, um zu sehen, welche Variante die besten Ergebnisse liefert, und optimieren Sie Ihre Kampagnen entsprechend.

4. **Lebenszyklus-E-Mails:** Überprüfen Sie regelmäßig Ihre automatisierten Lebenszyklus-E-Mails, wie z.B. Willkommens-E-Mails, Follow-up-E-Mails oder Reaktivierungs-E-Mails. Analysieren Sie deren Leistung, optimieren Sie sie bei Bedarf und passen Sie sie an, um sicherzustellen, dass sie relevant und effektiv sind.

5. **Conversion-Tracking:** Verfolgen Sie die Conversions, die durch Ihre automatisierten E-Mails generiert werden. Identifizieren Sie, welche E-Mails oder Aktionen die höchsten Konversionsraten haben und passen Sie Ihre Strategie entsprechend an.

6. **Feedback und Bewertungen:** Bitten Sie Ihre Abonnenten

um Feedback zu Ihren automatisierten Kampagnen. Fügen Sie Feedback-Links oder Umfragen in Ihre E-Mails ein, um mehr Informationen über die Zufriedenheit Ihrer Abonnenten zu erhalten. Nutzen Sie diese Rückmeldungen, um Ihre Inhalte und Angebote zu verbessern.

7. Kontinuierliche Optimierung: Überprüfen Sie regelmäßig die Performance Ihrer automatisierten Kampagnen und nehmen Sie kontinuierlich Optimierungen vor. Dies kann bedeuten, die Betreffzeilen zu ändern, Inhalte anzupassen oder die Segmentierung zu verfeinern. Verfolgen Sie die Ergebnisse und passen Sie Ihre Strategie entsprechend an.

Die Analyse und Optimierung von automatisierten Kampagnen im E-Mail-Marketing ist ein fortlaufender Prozess, der eine gründliche Auswertung und Anpassung erfordert. Indem Sie die Leistung Ihrer Kampagnen kontinuierlich überwachen und optimieren, können Sie Ihre E-Mail-Strategie effektiver machen und bessere Ergebnisse erzielen.

5.5 Wichtige Metriken im E-Mail-Marketing

Es gibt verschiedene Kennzahlen und Metriken im E-Mail-Marketing, die Ihnen dabei helfen können, den Erfolg Ihrer Kampagnen zu messen und zu optimieren. Hier sind einige wichtige:

Die Öffnungsrate gibt an, wie viele Empfänger Ihre E-Mail geöffnet haben. Eine hohe Öffnungsrate bedeutet, dass Ihre Betreffzeile und Ihr Absender ansprechend genug sind, um die Aufmerksamkeit der Empfänger zu erregen.

Die Klickrate misst, wie viele Empfänger auf Links in Ihrer E-Mail geklickt haben. Eine hohe Klickrate deutet darauf hin, dass Ihre Inhalte und Call-to-Actions effektiv sind und die Empfänger zum Handeln motivieren.

Die Konversionsrate zeigt, wie viele Empfänger nach dem Öffnen Ihrer E-Mail eine gewünschte Aktion durchgeführt haben, z.B. einen Kauf getätigt oder ein Formular ausgefüllt. Eine hohe Konversionsrate ist ein Indikator für die Effektivität Ihrer E-Mail und den Return on Investment (ROI).

Die Abmelderate zeigt, wie viele Empfänger sich von Ihrer E-Mail-Liste abgemeldet haben. Eine niedrige Abmelderate deutet darauf hin, dass Ihre Inhalte relevant und ansprechend sind und dass die Empfänger gerne in Verbindung bleiben möchten.

Der ROI misst das Verhältnis zwischen den Investitionen (z.B. Kosten für die Erstellung und den Versand von E-Mails) und dem daraus resultierenden Umsatz oder anderen gewünschten Ergebnissen, z.B. Abonnentenwachstum oder Lead-Generierung. Ein hoher ROI zeigt, dass Ihre E-Mail-Marketing-Kampagnen erfolgreich sind und einen positiven

Einfluss auf Ihr Unternehmen haben.

Die Bounce-Rate zeigt, wie viele E-Mails nicht zugestellt wurden, entweder aufgrund ungültiger E-Mail-Adressen oder Technologieproblemen. Eine hohe Bounce-Rate kann ein Indikator für die Qualität Ihrer E-Mail-Liste sein und darauf hindeuten, dass Maßnahmen ergriffen werden müssen, um die Datenqualität zu verbessern.

Es ist wichtig, alle diese Kennzahlen und Metriken im Zusammenhang zu betrachten und regelmäßig zu analysieren. Indem Sie die Leistung Ihrer E-Mail-Kampagnen überwachen und verstehen, können Sie diese optimieren und bessere Ergebnisse erzielen.

Tools Zur Analyse Und Auswertung Der E-Mail Kampagnen

Es gibt eine Vielzahl von Tools, die Ihnen bei der Analyse und Auswertung Ihrer E-Mail-Kampagnen helfen können. Hier sind einige wichtige:

1. **E-Mail-Marketing-Plattformen:** Viele E-Mail-Marketing-Plattformen bieten eingebaute Analysefunktionen, mit denen Sie Öffnungs- und Klickraten verfolgen, Konversionen messen und Berichte erstellen können. Beliebte Plattformen sind z.B. Mailchimp, Campaign Monitor und AWeber.

2. **Google Analytics:** Google Analytics ist ein leistungsstarkes Tool zur Webanalyse, das auch für die Analyse von E-Mail-Kampagnen verwendet werden kann. Sie können spezielle Kampagnen-URLs erstellen und verfolgen, wie viele Besucher auf Ihre Website über E-Mails gelangen und welche Aktionen sie dort durchführen.

3. **Heatmap-Tools:** Heatmap-Tools wie Hotjar oder Crazy

Egg können Ihnen zeigen, wie Benutzer mit Ihren E-Mails interagieren, indem sie visuell darstellen, welche Bereiche Ihrer E-Mail am meisten angeklickt oder angesehen werden. Dies kann dabei helfen, Schwachstellen in Ihrem Design oder Inhalt zu identifizieren und Ihre Kampagnen zu optimieren.

4. A/B-Tests: Viele E-Mail-Marketing-Plattformen bieten die Möglichkeit, A/B-Tests durchzuführen, bei denen verschiedene Versionen von E-Mails an Teilgruppen Ihrer Liste gesendet werden. Durch das Testen verschiedener Elemente wie Betreffzeile, Call-to-Action oder Design können Sie herausfinden, welche Version die besten Ergebnisse erzielt und Ihre Kampagnen entsprechend optimieren.

5. Social Media Analytics: Wenn Sie Ihre E-Mail-Kampagnen mit Ihren Social-Media-Kanälen verbinden, können Sie auch die Analysetools dieser Plattformen nutzen, um zu verfolgen, wie viele Besucher von Ihren E-Mails zu Ihren Social-Media-Profilen kommen und welche Interaktionen dort stattfinden.

Diese Tools bieten eine Vielzahl von Daten und Einblicken, die Ihnen helfen können, den Erfolg Ihrer E-Mail-Kampagnen zu analysieren und zu optimieren. Wählen Sie die Tools aus, die am besten zu Ihren spezifischen Anforderungen passen.

5.6 Fallbeispiele erfolgreicher E-Mail-Marketing-Kampagnen

Es gibt viele erfolgreiche E-Mail-Marketing-Kampagnen, die besonders waren und viele positive Ergebnisse erzielt haben. Hier sind einige Beispiele:

1. Spotify

Spotify hat eine personalisierte E-Mail-Marketing-Kampagne entwickelt, die auf den Hörgewohnheiten der Benutzer basiert. Sie senden regelmäßig E-Mails mit personalisierten Wiedergabelisten, Empfehlungen für neue Songs oder Künstler und sogar Jahresrückblicke, die den Hörern ihre meistgehörten Songs präsentieren. Diese personalisierte Ansprache hat dazu beigetragen, das Engagement der Benutzer zu steigern und die Bindung zur Plattform zu stärken.

- <u>Analyse der Strategien und Taktiken in den Fallbeispielen</u>

Die personalisierte Ansprache basierend auf den Hörgewohnheiten der Benutzer ist eine äußerst effektive Strategie. Indem Spotify Benutzer mit maßgeschneiderten Wiedergabelisten und Empfehlungen versorgt, erhöhen sie das Engagement und die Bindung an die Plattform. Diese personalisierte Ansprache ist auch für neue Benutzer ansprechend, die so schnell ihre Lieblingsmusik entdecken können.

2. Airbnb

Airbnb hat eine E-Mail-Kampagne mit dem Namen "Verlieben Sie sich in eine Stadt" durchgeführt, bei der Benutzer personalisierte E-Mails über verschiedene Reiseziele erhalten haben. Diese E-Mails enthielten Empfehlungen für Unterkünfte,

Restaurants und Aktivitäten in den jeweiligen Städten. Diese Kampagne hat dazu beigetragen, das Interesse der Benutzer zu wecken und die Buchungen von Unterkünften über die Plattform zu steigern.

Analyse Der Strategien Und Taktiken In Den Fallbeispielen

Indem Airbnb personalisierte E-Mails mit Empfehlungen für bestimmte Reiseziele versendet, steigern sie das Interesse und die Buchungen von Unterkünften über ihre Plattform. Die personalisierten Empfehlungen für Unterkünfte, Restaurants und Aktivitäten sind nützlich für Benutzer, die nach neuen Reisezielen suchen.

3. Virgin America

Virgin America hat eine E-Mail-Kampagne namens "Upgrade Me" entwickelt, bei der Benutzer über die Möglichkeit informiert wurden, ein kostenloses Upgrade auf einen besseren Sitzplatz auf ihrem nächsten Flug zu erhalten. Diese E-Mails wurden personalisiert und basierten auf dem aktuellen Status des Benutzers im Vielfliegerprogramm. Diese Kampagne hat nicht nur das Engagement der Benutzer gesteigert, sondern auch die Kundenzufriedenheit erhöht.

Analyse der Strategien und Taktiken in den Fallbeispielen

Die E-Mail-Kampagne von Virgin America, bei der Benutzer über die Möglichkeit eines kostenlosen Sitzplatz-Upgrades informiert werden, spricht die Kundenbedürfnisse direkt an. Diese personalisierte Ansprache basierend auf dem aktuellen Status im Vielfliegerprogramm fördert das Engagement und die Kundenzufriedenheit.

4. Warby Parker

Warby Parker ist ein Unternehmen für Brillen und Sonnenbrillen, das eine E-Mail-Marketing-Kampagne mit dem Namen "Home-Try-On" durchführt. Benutzer erhalten personalisierte E-Mails mit Vorschlägen für Brillen, die zu ihrem individuellen Stil und ihren Vorlieben passen. Zusätzlich bieten sie die Möglichkeit, bis zu fünf Brillen kostenlos zu Hause anzuprobieren und dann diejenige auszuwählen, die ihnen am besten gefällt. Diese Kampagne hat dazu beigetragen, das Vertrauen der Kunden zu gewinnen und die Kaufentscheidung zu erleichtern.

Analyse Der Strategien Und Taktiken In Den Fallbeispielen

Die E-Mail-Marketing-Kampagne von Warby Parker mit dem "Home-Try-On" ist eine innovative und effektive Taktik, um das Vertrauen der Kunden zu gewinnen und die Kaufentscheidung zu erleichtern. Die Möglichkeit, Brillen kostenlos zu Hause anzuprobieren, zeigt, dass das Unternehmen die Bedürfnisse der Kunden versteht und ihnen ein angenehmes und bequemes Einkaufserlebnis bietet.

Diese Beispiele zeigen, wie effektiv eine personalisierte Ansprache und relevante Inhalte sein können, um das Engagement der Benutzer zu steigern und den Erfolg von E-Mail-Marketing-Kampagnen zu fördern. Es ist wichtig, die Interessen und Bedürfnisse der Zielgruppe zu verstehen und ansprechende Inhalte zu erstellen, die dazu beitragen, Vertrauen aufzubauen und eine langfristige Kundenbindung zu fördern.

Von diesen Fallbeispielen ist es schwer zu sagen, welche Strategie oder Taktik am besten ist, da sie jeweils auf unterschiedliche Art und Weise erfolgreich sind. Die gemeinsame Komponente bei allen Fallbeispielen ist jedoch die Personalisierung und Relevanz der Inhalte. Dies zeigt, dass eine maßgeschneiderte Ansprache und relevante Inhalte für den Erfolg von E-Mail-Marketing-Kampagnen entscheidend sind.

B. Ausblick auf zukünftige Entwicklungen im E-Mail Marketing

Der Ausblick auf zukünftige Entwicklungen im E-Mail Marketing sieht vielversprechend aus. Hier sind einige Trends, die wir in den kommenden Jahren erwarten können:

1. Künstliche Intelligenz (KI): KI wird eine noch größere Rolle im E-Mail Marketing spielen. Durch den Einsatz von maschinellem Lernen können Unternehmen personalisierte Inhalte und Empfehlungen automatisch an ihre Abonnenten senden. KI kann auch dazu verwendet werden, die beste Zeit zum Versenden von E-Mails zu ermitteln und die Betreffzeilen zu optimieren.

2. Automatisierung: Automatisierung wird weiterhin eine wichtige Rolle spielen. Unternehmen werden vermehrt auf automatisierte E-Mail-Sequenzen setzen, um Kundenbindungsmaßnahmen und Verkaufstrichter zu optimieren. Personalisierte Kundenreisen werden entworfen, um die Conversion-Raten zu steigern und das Engagement zu erhöhen.

3. Mobile Optimierung: Mit der zunehmenden Nutzung von Smartphones wird die Optimierung von E-Mails für mobile Endgeräte immer wichtiger. Unternehmen müssen sicherstellen, dass ihre E-Mails auf mobilen Geräten gut lesbar und ansprechend sind.

4. Interaktive E-Mails: Interaktive Elemente wie GIFs, Schieberegler oder Umfragen werden häufiger in E-Mails verwendet. Sie bieten den Empfängern eine ansprechende und interaktive Erfahrung und helfen, die Aufmerksamkeit zu erhöhen.

5. Datenschutz und Einwilligung: Angesichts der wachsenden Sorge um den Datenschutz werden Unternehmen sich stärker auf die Einhaltung der Datenschutzbestimmungen konzentrieren. Der klare Erhalt der Einwilligung und transparente Informationen darüber, wie die Daten verwendet werden, werden immer wichtiger.

6. Personalisierung und Relevanz: Personalisierte E-Mails werden weiterhin eine Schlüsselrolle im E-Mail Marketing spielen. Unternehmen werden noch mehr Daten nutzen, um relevantere und maßgeschneiderte Inhalte an ihre Abonnenten zu senden.

Insgesamt wird das E-Mail Marketing in den kommenden Jahren weiterhin eine effektive und wichtige Marketingstrategie sein. Unternehmen müssen jedoch auf dem neuesten Stand bleiben und sich an die sich ändernden Kundenbedürfnisse und gesetzlichen Anforderungen anpassen, um erfolgreich zu sein.

Handlungsempfehlungen Für Die Eigene Praxis

Handlungsempfehlungen für die eigene Praxis im E-Mail Marketing können wie folgt aussehen:

1. Personalisiertes Marketing: Nutzen Sie die vorhandenen Daten über Ihre Abonnenten, um personalisierte Inhalte und Empfehlungen in Ihren E-Mails zu integrieren. Je relevanter und zielgerichteter Ihre E-Mails sind, desto wahrscheinlicher ist es, dass sie von den Empfängern geöffnet und gelesen werden.

2. Automatisierte E-Mail-Kampagnen: Implementieren Sie automatisierte E-Mail-Sequenzen, um Ihre Kundenbindung und den Verkaufsprozess zu optimieren. Beispielsweise können Sie automatisierte Willkommens-E-Mails, Follow-up-E-Mails nach einem Kauf oder Rückgewinnungs-E-Mails für inaktive Kunden einrichten.

3. Mobile Optimierung: Stellen Sie sicher, dass Ihre E-Mails auf mobilen Endgeräten gut lesbar und benutzerfreundlich sind. Optimieren Sie Layout, Schriftgröße und Formatierung, um eine reibungslose mobile Nutzererfahrung zu gewährleisten.

4. Interaktive Elemente einbinden: Erwägen Sie den Einsatz von interaktiven Elementen wie GIFs, Schiebereglern oder Umfragen in Ihren E-Mails, um das Engagement der Empfänger zu steigern. Unterstützen Sie Ihre Botschaften mit visuellen und interaktiven Inhalten.

5. Einwilligung und Datenschutz: Stellen Sie sicher, dass Sie die Einwilligung der Empfänger für den Erhalt von E-Mails haben und transparent über die Verwendung ihrer Daten informieren. Bieten Sie Möglichkeiten zur Aktualisierung von Einstellungen oder zum Abbestellen des Newsletters an.

6. Testen und Optimieren: Führen Sie regelmäßige Tests durch, um die Effektivität Ihrer E-Mail-Kampagnen zu evaluieren. Experimentieren Sie mit verschiedenen Betreffzeilen, Inhalten, Layouts und Versandzeiten, um zu sehen, was bei Ihren Abonnenten am besten funktioniert.

7. Kontinuierliche Verbesserung: Bleiben Sie auf dem neuesten Stand über die Entwicklungen im E-Mail Marketing, indem Sie sich über aktuelle Trends, Best Practices und neue Tools informieren. Setzen Sie das Gelernte in Ihrer eigenen Praxis um und passen Sie Ihre Strategie entsprechend an.

Durch die Implementierung dieser Handlungsempfehlungen können Sie Ihre E-Mail-Marketing-Strategie optimieren und das Engagement und die Conversion-Raten Ihrer Abonnenten verbessern.

KAPITEL 6: PINTEREST MARKETING

Social Media Marketing wird oft mit Skepsis betrachtet. Auch bei Pinterest Marketing wird die Wirksamkeit in Hinblick auf Unternehmensumsätze in Frage gestellt. Die folgenden Unterkapitel beleuchten die Bedeutung von Social Media Plattformen für das wirkungsvolle Produktmarketing. Die Case Studies zeigen genau, wie Onlineshops mit Pinterest nicht nur den Umsatz steigern können, sondern auch die Unternehmensbekanntheit und Kundenbindung erhöhen können.

6.1 Die allgemeine Bedeutung und historische Entwicklung von Social Media Plattformen

Besonders Instagram, TikTok, Quora und YouTube sind mittlerweile zu großen Traffic Quellen aufgestiegen. Das verdeutlichen auch schon die hohen Nutzerzahlen. Quora hatte schon 2018 300 Mio. monatlich aktive Nutzer. Instagram kommt sogar auf mehr als 1 Mrd. monatlich aktive Nutzer. Dieses hohe Besuchervolumen ist der Anlass warum auch Unternehmen jederzeit Ihr Firmenlogo in diesen Netzwerken präsentieren sollten. Besondere Chancen auf Traffic bieten aber immer noch einige Nischen.

Quora bietet seit langer Zeit die Möglichkeit Fragen und Antworten zu unbegrenzten Themen zu stellen. Dabei kann Quora als Netzwerk optimal genutzt werden, um für Produkte und Produktlinks Werbung zu machen. Wer zum Beispiel eine Frage beantwortet kann gleichzeitig auf eigene Angebote hinweise, wenn ein thematischer Bezug besteht. Auch Links zu den eigenen Angeboten im Text sind erlaubt, wenn der thematische Bezug gegeben ist.

Auch Instagram kann ein gutes Werbefeld darstellen. Allerdings ist es so, dass die Werbefelder selten ohne entsprechende Markierung eingegeben werden können. Somit ist die

Nicht zu vergessen und besonders bedeutungsvoll aufgrund seiner Reichweite und Aktualität ist Twitter. Das Netzwerk wird tagtäglich von zahlreichen Nutzern verfolgt.[6] Zudem können gerade Videos und gute Blogbeiträge, aber auch Produktangebote sehr gut im Bereich einer breiten Zielgruppe zugänglich gemacht werden.

Die meisten Angebote werden mittlerweile verstärkt personalisiert. Kaum ein Angebot wird nicht mit einem bekannten Star oder Sternchen in Verbindung gebracht. Deswegen können auch Influencer die eigene Popularität nutzen und Produkte promoten. Wer den nächsten Schritt gehen will, startet einen eigenen Shop mit eigenen Angeboten. Dabei muss aber auch klar sein, dass ein eigener Onlinehandel mit weiteren Aktivitäten und Anstrengungen verbunden ist.

Dennoch bietet sich somit die Chance, Besucher und Follower direkt zu Kunden zu konvertieren, bevor Sie von der Plattform weichen. Diese direkte Vernetzung von Shopping und Social Media bietet besonders für personenbezogene Produkte, wie Ernährung, Kleidung, technische Geräte ein großes Potential. Wer sich bereits in einem Thema einen Namen gemacht und eine Marke etabliert hat, kann auch mit Produktverkäufen seine eigenen Ziele besser erreichen.

Social Media sind derzeit und werden auch 2024 das Salz in der Suppe. Gerade wenn Sie es schaffen ein regelmäßiges Monitoring aufzubauen und mit entsprechenden Automatisierungstools Ihre Anstrengungen verbessern, können Sie schon bald mit entsprechenden Wirkungen rechnen können. Die wichtigsten

Maßnahmen im Bereich Social Media auf einen Blick:

- Social Media Marketing dient als zusätzliche Kontaktmöglichkeit und zur Kontaktaufnahme als Schnittstelle zum Kunden
- Social Media Marketing sorgt für Aufmerksamkeit und steigern den Bekanntheitsgrad der eigenen Produkte
- Social Media Marketing ist ein Gesamtpaket, das auch als Trafficmagnet wirken kann
- Social Media Dienste sorgen für eine hohe Kundenbindung und wiederkehrende Nutzer

Die Entwicklung von Social Media kann grob in vier Phasen unterteilt werden:

1. Vor-Internet-Ära (vor den 1990er Jahren): In den späten 1970er Jahren und 1980er Jahren wurden frühe Formen von Social Media entwickelt, wie Bulletin Board Systems (BBS) und Usenet. Diese Plattformen ermöglichten es Nutzern, Nachrichten und Informationen auszutauschen, jedoch war die Teilnahme auf technisch versierte Benutzer beschränkt.

2. Das Aufkommen des Internets (1990er Jahre): Mit dem Aufkommen des World Wide Web in den frühen 1990er Jahren wurden die ersten Social-Media-Plattformen ins Leben gerufen, wie SixDegrees.com (1997), das als erste Plattform die Möglichkeit bot, ein Profil zu erstellen und Freundschaften zu knüpfen.

3. Aufstieg der Massenadoption (2000er Jahre): In den 2000er Jahren begannen Social-Media-Plattformen wie MySpace (2003) und Facebook (2004) populär zu werden. Diese Plattformen ermöglichten es den Nutzern, ein Profil zu erstellen, Inhalte zu teilen und mit anderen Nutzern zu interagieren. Die Massenadoption von Smartphones und mobilen Internetverbindungen trug ebenfalls zur Verbreitung von Social-Media-Plattformen bei.

4. Die Ära der Vielfalt (2010er Jahre bis heute): In den letzten Jahren ist die Anzahl und Vielfalt der Social-Media-Plattformen stark angestiegen. Plattformen wie Twitter (2006), Instagram (2010) und TikTok (2016) haben die Art und Weise, wie Menschen Informationen austauschen und sich online präsentieren, weiterentwickelt. Zusätzlich haben sich Nischenplattformen entwickelt, die sich auf spezifische Interessen oder Zielgruppen konzentrieren.

Insgesamt zeigt die Entwicklung von Social Media einen kontinuierlichen Fortschritt in Bezug auf Technologie, Zugänglichkeit und Vielfalt der Plattformen. Die sozialen Interaktionsmöglichkeiten haben sich weiterentwickelt und bieten den Nutzern eine breite Palette von Funktionen und Optionen.

Die Grundlage Ihres Website-Traffic wird eine Mischung aus Onsite- und Offsite-optimierung sein. Traffic entsteht eben hauptsächlich durch Suchmaschineneinträge, die bestenfalls Platz 1-5 erreichen und damit hohe Klickraten erreichen.

Diese hohe Klickrate führt dann zu regelmäßigen Websiteaufrufen. Gerade wer in Zukunft regelmäßig Produkte verkaufen will, sollte über den Bereich SEO für einen regelmäßigen Besucherstrom sorgen. Ob sich Maßnahmen langfristig lohnen wird aber auch von der Entwicklung der Suchmaschinenupdates und permanenten Website Updates abhängen.

Es gilt also nicht für wenige Wochen Optimierungen zu betreiben und diese dann abzubrechen. Auf lange Sicht sollte eher eine permanente Pflege von Websiteinhalten erfolgen, die dann auch entsprechend erfolgreich durchgeführt wird.

6.2 Die Bedeutung von Social Media im E-Commerce

Social Media hat im E-Commerce sowohl heute als auch in der Vergangenheit eine bedeutende Rolle gespielt. Hier sind einige wichtige Aspekte:

1. Kundenbindung und -interaktion

Social Media hat es E-Commerce-Unternehmen ermöglicht, direkt mit ihren Kunden in Kontakt zu treten und eine persönlichere Beziehung aufzubauen. Durch Plattformen wie Facebook, Instagram oder Twitter können Unternehmen ihre Kunden über Neuigkeiten, Sonderangebote und neue Produkte informieren. Kunden können wiederum Feedback hinterlassen, Fragen stellen oder ihre Erfahrungen teilen. Dies fördert die Kundenbindung und schafft Vertrauen.

2. Marketing und Werbung

Social Media bietet E-Commerce-Unternehmen eine kostengünstige Möglichkeit, ihre Produkte und Dienstleistungen zu bewerben. Unternehmen können gezielte Anzeigen schalten und relevante Zielgruppen ansprechen, basierend auf demographischen Merkmalen, Interessen, Verhaltensweisen und vielem mehr. Durch den Einsatz von Influencer-Marketing können Unternehmen auch von der Reichweite und Glaubwürdigkeit bekannter Persönlichkeiten profitieren.

3. Kundenbewertungen und Empfehlungen

Social Media hat die Art und Weise verändert, wie Konsumenten Produkte suchen und Kaufentscheidungen treffen.

Kundenbewertungen und Empfehlungen auf Plattformen wie Facebook, Instagram oder Yelp haben eine große Bedeutung. Positive Empfehlungen können den Umsatz steigern und das Vertrauen in ein Produkt oder Unternehmen erhöhen.

4. Virales Marketing

Dank Social Media können Inhalte viral werden und sich schnell verbreiten. Ein interessantes Video, ein lustiger Meme oder eine einzigartige Marketingkampagne können innerhalb kürzester Zeit Millionen von Menschen erreichen und so zu einem größeren Markenbewusstsein führen. Virales Marketing hat das Potenzial, den Erfolg eines E-Commerce-Unternehmens enorm zu steigern.

5. Kundenorientierte Kommunikation

Durch die Nutzung von Social Media können E-Commerce-Unternehmen direktes Feedback von ihren Kunden erhalten. Kunden können ihre Meinungen und Ideen teilen und Unternehmen können diese Informationen in ihre Entscheidungsfindung einbeziehen. Dies ermöglicht es Unternehmen, ihre Produkte und Dienstleistungen kontinuierlich zu verbessern.

Insgesamt hat Social Media die Art und Weise revolutioniert, wie E-Commerce-Unternehmen mit ihren Kunden interagieren, ihre Produkte bewerben und Verkäufe generieren. Es ermöglicht eine engere Kundenbindung und eröffnet neue Möglichkeiten für Kundengewinnung und -pflege.

Social Media Traffic sollte nicht unterschätzt werden. Sorgt diese Quelle doch für zusätzliche Aufmerksamkeit. Allerdings sind einige grundsätzliche Eigenschaften der Social Media Welt mit Vorsicht zu genießen. Denn damit ein Social-Media-Kanal einen Mehrwert darstellen kann, sollte es sich um einen Growth Account handeln, der möglichst Woche für Woche mehr Follower einbringt bzw. zu mindestens durch regelmäßige Posts Reichweite erhalten oder weiter aufbauen kann.

Zudem bleibt zu beachten, dass User im Social Media Umfeld eine verkürzte Aufmerksamkeitsdauer mitbringen. Gerade einmal 6 Sekunden dauert es bis ein durchschnittlicher User zu neuen Inhalten übergeht. Damit bleibt die Chance auf einen Neukunden relativ gering. Dennoch gibt es auch einen positiven Einfluss von Social Media, denn die Interaktion von Nutzern und Profilen ist im Vergleich zu anderen Onlinekanälen besonders hoch.

Social Media Gruppen haben Ihren besonderen Charme – doch der Anfang verläuft meist ziemlich schleppend. Hier gibt es einige Strategiehilfen, die für mehr Engagement der User führen können, wenn Sie gerade Ihr Profil eröffnet haben.
Werbeposts in Social Media Gruppen bieten eine sehr gute Möglichkeit schnell Zielgruppen zu erreichen. Dabei spielen aber auch nach einer gewissen Zeit die Angaben im Profil eine große Rolle. Es lohnt sich zum Beispiel in den Profilen Angaben zu bestimmten Produkten zu machen. So können Sie bei Instagram oder Quora direkt auf Ihre Produkte aufmerksam machen.

6.3 Pinterest Traffic mit PINS generieren

Eine Traffic-Quelle mit enormem Potential ist Pinterest. Wer kennt sie nicht. Die Website mit den unzähligen PINS. Pinterest kann zu einer enormen Trafficquelle werden, wenn man es sehr geschickt anstellt und entsprechende Angebote optimal gestaltet. Viele Blogger und Unternehmen berichten über das enorme Wachstum an Reichweite, das sie mit Pinterest erzielen. Ein erster Schritt kann die Installation des Merken Buttons sein. Dieser ist für zahlreiche Blogs verfügbar.[7]

Die Gestaltung der Pins entscheidet dabei darüber, ob Klicks erzeugt werden können. Wer zum Beispiel seine Website mit Traffic versorgen will, kann dies sehr gut mit Pinterest erreichen. Dazu müssen einfach thematisch ansprechendem Cover entworfen werden, die für die eigenen Beiträge Werbung machen. Je optisch auffälliger die Pins werden, desto wahrscheinlicher ist auch der Seitenaufruf. Unser Artikel zu „Geld verdienen mit Pinterest" enthält einige wichtige Tipps, die Sie dringend umsetzen sollte.

Denn mit diesen Tipps werden Sie schon bald einen Traffic-Magnet erzeugen, der regelmäßig neue Kunden für Ihr Business anziehen kann. Sie profitieren dabei insbesondere von der großen Reichweite. Pinterest hat nicht nur zahlreiche User. Die Pins lassen sich auch in der Google Suche immer öfter finden. Sie profitieren damit von zunehmenden Views und immer mehr Traffic wird auf Ihre Seite und Ihre Produkte gelenkt. Schon nach einigen Wochen werden Sie deutlich mehr Leser bekommen. Dazu sind allerdings einige wichtige Kenntnisse notwendig. Denn es reicht nicht einfach Bilder zu posten oder die eigenen Blogbeiträge auf Pinterest zu teilen.[8] Im Folgenden zeige ich einige Spielregeln auf, die man beachten sollte, wenn man entsprechenden Erfolg einfahren will.

Pinterest funktioniert als Traffic-Quelle erst dann, wenn eine gewisse Reichweite entstanden ist. Dazu ist es notwendig, dass die eigenen Pins auch von anderen Usern gemerkt werden, dadurch wird der Aufruf der eigenen PINS wahrscheinlicher. Wer die ersten PINS erstellt hat, wird aber schon bald feststellen, dass kaum etwas passiert.

Die Beiträge werden nicht angeklickt und es werden auch keine Pins von anderen Usern gemerkt. Das liegt an der Gestaltung der PINS. Es gibt einige Regeln, die dazu eingehalten sollten. Denk allerdings daran, dass auch Deine Pinwand nur eine unter vielen 100 oder 1000 ist.

Es gibt zum Beispiel mehrere Hundert Pinnwände mit der Beschreibung Online Marketing. Bei den Themen Beauty und Kochen sieht es ähnlich aus. Es gibt einfach unzählige Accounts, die alle Ihre eigenen Pinnwände erstellen. Pinterest gibt die Namen mehrmals heraus, so dass einfach eine Unzahl an Pinnwänden mit den gleichen Namen entsteht. Es hilft in jedem

Fall einigen Pinnwänden zu folgen, um einige Eindrücke zu sammeln.

Es gibt aber durchaus einige Pinvarianten, die sehr erfolgsversprechend sind. Auch noch im Jahr 2020 sind die Listen PINS ein wahrer Publikumsmagnet. Eine große Überschrift mit einer langen Liste, die bereits im PIN enthalten ist, erregt unheimlich viel Aufsehen. Die direkte Information sorgt dafür, dass die Listen sofort und auf der Stelle konsumiert werden. Zudem werden diese PINS sehr häufig auch gemerkt. Ein weiteres Hilfsmittel ist der Anbieter Tailwind. Mit diesem Toll können PINS auch terminiert werden. Also können die jeweiligen PINS Tag für Tag in der Woche gepostet werden – zu bestimmten Uhrzeiten je nach Belieben. Die wichtigste Funktion bietet aber der Bereich Tribes.

Die sogenannten Tribes sind Usergruppen auf Tailwind, die sich zusammengeschlossen haben. Die Zahl der eigenen Follower steigt massiv an, genauso die Zahl der Interaktionen. Wer auf Pinterest langfristig erfolgreich sein will, sollte Tailwind nutzen und damit noch mehr Reichweite erzeugen. Auch Gruppenboards sind wichtig, um tatsächlich mehr Reichweite zu gewinnen. Diese unterscheiden sich von anderen Gruppen im Gruppenbild. Hier findet sich bei einem Gruppenboard[9] ein kleines Symbol am unteren Rand. Wenn man Zugang zu diesen Gruppen bekommt, steigt die Wahrscheinlichkeit weitere Aufmerksamkeit zu bekommen.

Wer seinen Traffic auch in Geld ummünzen will, hat verschiedene Möglichkeiten. Eine Möglichkeit stellt einfach Adsense Werbung auf dem eigenen Blog dar. Die Werbung muss allerdings optimal platziert sein und benötigt zahlreiche Aufrufe. Es ist also wichtig eine sehr große Zahl an Followern aufzubauen, um tatsächlich finanziell von der Idee zu profitieren.

Die bereits beschriebenen Maßnahmen dienen auch dazu genug

Traffic zu bekommen. Nur wenn die Reichweite große genug ist wird auch der Traffic reichen, um im Affiliate Marketing erfolgreich zu sein. Auch eigenen Produkte können dann sehr gut mit Pinterest beworben werden.

Dabei kann Affiliate Marketing auch ohne Blog erfolgreich sein. Es kommt einfach darauf an, wie man Käufer auf Ihren Kauf vorbereitet. Im Normalfall hat eine erste Verlinkung auf einen Blogartikel daher höhere Aussichten auf Erfolg. Der Kunde wird weiter informiert und kann dann mit diesem Zwischenschritt den Wunschartikel kaufen.

Eine Verlinkung hat den Nachteil, dass der Kunde vielleicht noch gar nicht in Kauflaune ist. Hat es bereits einige Argumente gegeben. Warum sollte ein Kauf stattfinden? Ist der Kaufanreiz auch groß genug?

6.4 Die besondere Bedeutung von Pinterest Marketing für bestimmte Branchen

Im Gegensatz zu vielen anderen Social Media Netzwerken, ist Pinterest eine visuell ausgerichtete Plattform. Viele Nutzer suchen auf Pinterest nach Inspirationen zu Produkten und freuen sich über neue Ideen und Designs. Gerade Neuerscheinungen können auf Pinterest optimal in Szene gesetzt werden.

Notwendig ist dabei eine ansprechende graphische Darstellung. Nutzer wollen bei Pinterest Trends entdecken und neue Eindrücke erhalten. Marken haben die Möglichkeit, Inhalte wie Produktbilder, Infografiken, Anleitungen und Inspirationen zu teilen. Dadurch können sie die Aufmerksamkeit der Nutzer auf sich ziehen und ihr Markenimage verbessern.

Die Besonderheit an Pinterest ist zudem die hohe Reichweite: Pinterest verzeichnet eine hohe Anzahl von Nutzern weltweit, darunter auch eine große Anzahl von Influencern und Verbrauchern. Durch die Nutzung der Plattform können Marken ihre Reichweite erhöhen, indem sie ihre Inhalte einer breiten Zielgruppe präsentieren.
Es besteht ebenfalls die Möglichkeit über Pinterest eine Vielzahl an Interessenten auf die eigene Website oder den eigenen Onlineshop zu locken und Verkäufe zu generieren.

Nutzer können kinderleicht Bilder anklicken, um weitere Informationen zu erhalten und werden so auf die Website des Unternehmens weitergeleitet. Durch eine optimierte Pinterest-Präsenz können Unternehmen potenzielle Kunden ansprechen und diese in zahlende Kunden umwandeln.

Außerdem ist Pinterest auch eine Plattform, auf der Nutzer

nach Ideen und Inspirationen suchen. Marken können diese Plattform nutzen, um sowohl ihre Produkte als auch ihre Markenwerte zu präsentieren und Kunden dazu zu bringen, sich von ihren Inhalten inspirieren zu lassen und Produkte zu kaufen.

Auch technisch hat Pinterest einiges zu bieten. Die Plattform bietet Unternehmen eine Reihe von Möglichkeiten für gezieltes Marketing und Tracking von Ergebnissen. Unternehmen können ihre Inhalte gezielt an bestimmte Nutzergruppen ausrichten, basierend auf Interessen, Demografie und Verhalten. Darüber hinaus bietet Pinterest auch Analysetools, mit denen Unternehmen den Erfolg ihrer Kampagnen messen und optimieren können.

Insbesondere Unternehmen, die zusätzlichen Traffic für die eigene Website suchen, können von Pinterest profitieren. Dazu ist wichtig eine Präsenz mit zahlreichen Produktbildern aufzubauen, die regelmäßig neue Interessenten anlocken. Natürlich trifft das nicht für jede Branche zu. Welche Unternehmen besonders profitieren, folgt im nächsten Kapitelabschnitt.

Pinterest Marketing ist besonders wichtig für branchenübergreifende Unternehmen, die visuell ansprechende Produkte und Dienstleistungen anbieten. Einige der Branchen, in denen Pinterest besonders effektiv sein kann, sind:

1. E-Commerce: Unternehmen, die physische Produkte verkaufen, wie Mode, Schmuck, Möbel, Wohnaccessoires usw., können von Pinterest profitieren, um ihre Produkte visuell darzustellen und Kunden zu inspirieren.
2. Lebensmittel und Kochen: Pinterest ist ein beliebtes Ziel für Menschen, die nach Rezepten, Kochideen und Ernährungstipps suchen. Restaurants, Lebensmittelmarken und Köche können ihre Rezepte und Lebensmittelbilder auf Pinterest teilen, um das Interesse der Nutzer zu wecken und Traffic auf ihre Websites zu

lenken.

3. Reisen und Tourismus: Unternehmen in der Reisebranche können von Pinterest profitieren, indem sie atemberaubende Bilder von Reisezielen, Reiseplanungstipps und inspirierenden Reisegeschichten teilen. Dadurch können sie das Fernweh der Nutzer wecken und ihre Dienstleistungen bewerben.

4. Heimwerken und Dekoration: Menschen suchen auf Pinterest nach Ideen und Anleitungen für Heimwerkerprojekte und Dekoration. Unternehmen in den Bereichen Heimwerken, Innenarchitektur, Gartenarbeit und anderen handwerklichen Bereichen können ihre Expertise und Produkte auf Pinterest teilen, um potenzielle Kunden anzusprechen.

5. Beauty und Lifestyle: Unternehmen im Bereich Beauty, Mode, Fitness und Wellness können ihre Produkte, Tutorials und Styling-Tipps auf Pinterest teilen, um Inspirationen zu bieten und das Interesse der Nutzer zu wecken.

Es gibt jedoch keine strikten Einschränkungen für die Nutzung von Pinterest. Jede Branche kann von einer Bild-basierten Marketingstrategie profitieren, solange sie ansprechende visuelle Inhalte erstellen kann.

6.5 Der Aufbau einer Pinterest-Präsenz in der Praxis

Der Aufbau eine erfolgreichen Unternehmensprofils beginnt mit der Erstellung, die in der Regel in wenigen Schritten erledigt werden kann. Wie bei anderen Internetangeboten beginnt alles mit der Registrierung. Gehen Sie dazu auf die Pinterest-Website (www.pinterest.com) und klicken Sie auf den Reiter "Unternehmen erstellen" oder "Konto erstellen" (oben rechts auf der Seite). Folgen Sie den Anweisungen, um sich anzumelden und ein neues Konto zu erstellen. Jetzt können Sie auch schon ein Profil erstellen.

Sobald Sie sich angemeldet haben, werden Sie aufgefordert, Informationen für Ihr Profil einzugeben. Geben Sie den Namen

Ihres Unternehmens, eine Beschreibung, die ausdrückt, was Ihr Unternehmen anbietet, und die URL Ihrer Website ein. Sie können auch ein Profilbild hochladen, das Ihr Logo oder ein anderes visuell ansprechendes Bild Ihres Unternehmens zeigt.

Eine besondere Bedeutung haben Boards auf Pinterest. Ein Board ist eine Sammlung von Pins zu einem bestimmten Thema. Erstellen Sie Boards, die zu Ihrem Unternehmen und Ihren Produkten oder Dienstleistungen passen. Geben Sie ihnen aussagekräftige Namen und fügen Sie eine Beschreibung hinzu, um den Nutzern zu erklären, was in den Boards zu finden ist. Sie können auch Kategorien für Ihre Boards auswählen, um sie besser sichtbar zu machen.

Und schon kann es tatsächlich los gehen. Beginnen Sie damit, ansprechende Bilder und Videos hochzuladen, die Ihre Marke repräsentieren und die Aufmerksamkeit der Nutzer auf sich ziehen. Stellen Sie sicher, dass die Bilder eine hohe Qualität haben und zu Ihrem Unternehmen passen. Fügen Sie zu jedem Pin eine Beschreibung hinzu, die relevant ist und Nutzern weitere Informationen gibt.

Damit Ihre Boards und Pins populärer werden, ist es wichtig Follower zu gewinnen: Vergessen Sie nicht, Ihr Pinterest-Profil zu bewerben, um mehr Follower zu gewinnen. Verlinken Sie Ihr Pinterest-Profil auf Ihrer Website, in Ihren E-Mail-Signaturen und auf Ihren anderen Social-Media-Kanälen. Nutzen Sie auch Pinterest-Werbeanzeigen, um Ihr Profil zu bewerben und mehr Aufmerksamkeit zu erregen.

Mit den ersten Followen beginnt auch das Engagement und die Interaktion mit Ihren Fans. Vergessen Sie nicht: Pinterest ist eine soziale Plattform, daher ist es wichtig, aktiv zu sein und mit anderen Nutzern zu interagieren.

Folgen Sie anderen relevanten Profilen, kommentieren und liken Sie Pins anderer Nutzer und reagieren Sie auf Kommentare und Nachrichten, die Sie erhalten. Dadurch können Sie Ihre Reichweite erhöhen und eine engagierte Community aufbauen.

Zudem ist es fortwährend wichtig, zu analysieren und zu optimieren: Pinterest bietet Analysetools, mit denen Sie die Leistung Ihres Profils messen können. Nutzen Sie diese Tools, um zu sehen, welche Pins und Boards am erfolgreichsten sind und welche Art von Inhalten Ihre Zielgruppe am meisten anspricht. Basierend auf diesen Einblicken können Sie Ihre zukünftigen Inhalte optimieren, um bessere Ergebnisse zu erzielen.

Indem Sie diese Schritte befolgen, können Sie ein professionelles Unternehmensprofil auf Pinterest erstellen und Ihre Marke effektiv auf dieser Plattform präsentieren.

Bei der Auswahl von geeigneten Pins und Bildern für Ihr Unternehmensprofil auf Pinterest ist es wichtig, die Interessen und Bedürfnisse Ihrer Zielgruppe zu berücksichtigen.

Hier sind einige Tipps, um die **richtigen Pins und Bilder** zu wählen:

Natürlich ist es wichtig, hochwertige Bilder zu verwenden. Pinterest ist eine visuelle Plattform, daher ist es wichtig, ansprechende Bilder hochzuladen. Achten Sie darauf, dass die Bilder gut beleuchtet, scharf und in hoher Auflösung sind, um eine professionelle Wirkung zu erzielen.

Wählen Sie Bilder aus, die zu Ihrem Markenimage passen und Ihre Unternehmenswerte widerspiegeln. Überlegen Sie, welche Art von Bildern Ihre Zielgruppe ansprechen würde und wie Sie Ihre Marke am besten darstellen können.

Experimentieren Sie mit unterschiedlichen Bildstilen, um

Abwechslung in Ihrem Profil zu schaffen. Verwenden Sie beispielsweise Produktbilder, Lifestyle-Bilder, Infografiken oder Inspirationsbilder, um verschiedene Aspekte Ihrer Marke zu präsentieren.

Pinterest bevorzugt Bilder **im vertikalen Format**, da sie besser auf der Plattform angezeigt werden. Achten Sie darauf, dass Ihre Bilder eine Größe von mindestens **600 x 900 Pixeln** haben, um eine optimale Anzeige zu gewährleisten. Der Grund für die vertikalen Designs ist ganz einfach: Viele Nutzer scrollen sich durch die Inhalte – mit den entsprechenden

Fügen Sie zu jedem Pin eine aussagekräftige und relevante Beschreibung hinzu. Diese Beschreibungen können sowohl für Suchmaschinenoptimierung als auch für die Nutzer hilfreich sein, um den Inhalt besser zu verstehen.

Werfen Sie regelmäßig einen Blick auf die Pinterest-Trends, um zu sehen, welche Inhalte gerade besonders beliebt sind. Sie können diese Trends nutzen, um Ideen für die Auswahl von Pins und Bildern zu sammeln, die das Interesse Ihrer Zielgruppe wecken.

Verfolgen Sie zudem die Performance Ihrer Pins und Bilder mit Hilfe der Pinterest-Analysetools. Achten Sie darauf, welche Pins am meisten Interaktionen wie Repins, Klicks und Kommentare generieren, und optimieren Sie Ihre zukünftigen Inhalte entsprechend.

Indem Sie diese Tipps befolgen und kontinuierlich die Bedürfnisse und Vorlieben Ihrer Zielgruppe im Auge behalten, können Sie die richtigen Pins und Bilder wählen, um Ihr Unternehmensprofil auf Pinterest erfolgreich zu gestalten.

Auch bei der Erstellung ansprechender Boards mit relevanten Inhalten sollten Sie einige Schritte beachten:

Überlegen Sie, welches Thema Ihre Zielgruppe interessiert und welches zu Ihrer Marke passt. Wählen Sie ein Konzept, das verschiedene Aspekte dieses Themas abdeckt und verschiedene Interessen Ihrer Zielgruppe anspricht.

Wählen Sie einen Namen, der klar und prägnant ist und das Thema des Boards widerspiegelt. Ein guter Board-Name ist leicht verständlich und enthält relevante Keywords, um die Auffindbarkeit zu verbessern.

Ordnen Sie Ihre Pins in Kategorien und Gruppen an, um eine klare Struktur auf Ihrem Profil zu schaffen. Dies erleichtert es den Nutzern, relevante Inhalte zu finden und gibt Ihrem Profil ein professionelles Erscheinungsbild.
Geben Sie Ihren Boards eine detaillierte Beschreibung, um den Inhalt und das Ziel des Boards zu erklären. Verwenden Sie Keywords, um die Auffindbarkeit zu verbessern, und fügen Sie ein bis zwei relevante Hashtags hinzu, um die Sichtbarkeit zu erhöhen.

Wählen Sie Pins aus, die zu Ihrem Thema passen und Ihrer Zielgruppe Mehrwert bieten. Berücksichtigen Sie dabei verschiedene Arten von Inhalten wie Bilder, Videos, Infografiken, Anleitungen usw. Fügen Sie sowohl eigene Inhalte als auch Inhalte von anderen Nutzern hinzu, um eine vielfältige Sammlung bereitzustellen.

Halten Sie Ihre Boards up to date, indem Sie regelmäßig neue Pins hinzufügen. Überprüfen Sie auch Ihre alten Pins und entfernen Sie Pins, die nicht mehr relevant oder interessant sind. Aktualisieren Sie gegebenenfalls auch die Beschreibungen, um sicherzustellen, dass sie immer noch zutreffend sind.

Verlinken Sie Ihre Pinterest Boards auf Ihrer Website und anderen Social-Media-Kanälen, um mehr Sichtbarkeit zu erhalten. Ermutigen Sie auch Ihre Follower, Ihre Boards zu teilen und Pins von Ihnen zu repinnen, um Ihren Bekanntheitsgrad zu steigern.

Indem Sie diese Schritte befolgen und kontinuierlich interessante und relevante Inhalte zu Ihren Boards hinzufügen, können Sie ansprechende Boards erstellen und Ihre Zielgruppe besser ansprechen.

Keywords und Hashtags sind das Salz in der Suppe auf Pinterest, aber auch auf anderen sozialen Netzwerken. Hier sind einige Tipps zur Verwendung von Keywords und Hashtags:

Verwenden Sie relevante Keywords in Ihrer Board-Beschreibung und in den Beschreibungen Ihrer Pins. Überlegen Sie, nach welchen Begriffen Ihre Zielgruppe suchen und welche Keywords zu Ihren Inhalten passen könnten. Stellen Sie sicher, dass die Keywords natürlich in den Text eingebunden werden und nicht übermäßig genutzt werden.

Verwenden Sie Hashtags, um Ihre Inhalte zu kategorisieren und Ihre Sichtbarkeit zu erhöhen. Wählen Sie Hashtags, die zu Ihrem Thema passen und beliebt sind. Sie können Ihre Hashtags entweder in der Beschreibung Ihrer Pins oder am Ende des Textes hinzufügen. Verwenden Sie jedoch nicht zu viele Hashtags, da dies als Spam wahrgenommen werden könnte.

Nutzen Sie populäre Keywords und Hashtags, die in der Pinterest-Suche häufig verwendet werden. Indem Sie diese populären Begriffe in Ihre Beschreibungen einbinden, erhöhen Sie Ihre Chancen, von Nutzern gefunden zu werden, die nach diesen Begriffen suchen.

Beobachten Sie die Trends auf Pinterest und passen Sie Ihre Keywords und Hashtags entsprechend an. Pinterest bietet Tools wie das "Trending"-Feature, mit dem Sie sehen können, welche Themen und Hashtags derzeit beliebt sind. Nutzen Sie diese Informationen, um Ihre Inhalte anzupassen und aktuelle Trends aufzugreifen.

Verwenden Sie eine Kombination aus allgemeinen und spezifischen Keywords und Hashtags. Allgemeine Begriffe können helfen, eine größere Zielgruppe anzusprechen, während spezifische Begriffe die Relevanz für bestimmte Nutzergruppen erhöhen können.

Indem Sie diese Tipps zur Verwendung von Keywords und Hashtags befolgen, können Sie die Auffindbarkeit Ihrer Inhalte verbessern und mehr Nutzer auf Pinterest erreichen.

6.6 Erstellung einer Pinterest-Content-Strategie

Im Pinterest Marketing erfolgt der Aufbau von Content in der Regel nach verschiedenen Methoden. Dabei können PINS zum Beispiel auch mit AI-Tools entwickelt werden. Der Vorteil von AI-Tools im Pinterest Marketing liegt auf der Hand. Schon in kurzer Zeit können eine Vielzahl von Bildern generiert und thematisch auf die eigenen Produkte abgestimmt werden. Damit wird das Pinterest Marketing noch effizienter. Folgende Schritte sollten Sie bei Ihrer individuellen Strategie beachten.

1. Datenauswertung: Pinterest bietet Tools wie Pinterest Analytics, mit denen Unternehmen statistische Informationen über ihre Zielgruppe erhalten können. Diese Daten umfassen demografische Informationen wie Alter, Geschlecht und geografische Lage sowie Interessen und Suchanfragen.

2. Keyword-Recherche: Durch die Recherche nach relevanten Keywords können Unternehmen herausfinden, wonach ihre Zielgruppe auf Pinterest sucht. Diese Keywords können verwendet werden, um Pins, Boards und Profilbeschreibungen zu optimieren und so eine größere Reichweite zu erzielen.

3. Beobachtung von Trends: Das Beobachten von Trendthemen und beliebten Pins auf Pinterest kann Aufschluss darüber geben, welche Inhalte und Interessen bei der Zielgruppe aktuell besonders beliebt sind. Unternehmen können diese Informationen nutzen, um ihre Inhalte anzupassen und die Interessen ihrer Zielgruppe besser anzusprechen.

4. Zielgruppenanalyse: Durch das Sichten und Analysieren von Profilen und Interaktionen der eigenen Follower und Nutzer, die mit den eigenen Pins interagieren, kann man wichtige Hinweise über die Zielgruppe und ihre Interessen gewinnen.

5. Umfragen und Feedback: Unternehmen können Umfragen und Feedback von ihren bestehenden Kunden oder Followern einholen, um mehr über deren Interessen und Vorlieben zu erfahren. Dies kann in Form von direkten Nachrichten, Kommentaren oder speziellen Umfragen im Pinterest-Konto geschehen.

Indem Unternehmen diese verschiedenen Methoden kombinieren, können sie ein besseres Verständnis der Zielgruppe und ihrer Interessen entwickeln und ihre Pinterest-Marketingstrategie entsprechend anpassen.

Bei der Entwicklung von themenrelevanten Boards und Pin-Ideen gibt es mehrere Ansätze:

1. Recherche: Nutzen Sie Pinterest, um nach verwandten Themen und Trends zu suchen. Sehen Sie sich bestehende Boards und Pins an, die sich auf Ihr Thema beziehen, und lassen Sie sich inspirieren.

2. Keyword-Analyse: Verwenden Sie Tools wie den Pinterest Keyword-Planner oder Google Keyword Planner, um relevante Keywords und Suchbegriffe in Ihrem Bereich zu identifizieren. Diese Keywords können als Inspiration für Boardtitel und Pin-

Beschreibungen dienen.

3. Zielgruppenanalyse: Analysieren Sie Ihre Zielgruppe und deren Interessen, um zu verstehen, welche Themen und Inhalte für sie relevant sind. Richten Sie Ihre Boards und Pins auf diese Interessen aus, um die Aufmerksamkeit Ihrer Zielgruppe zu gewinnen.

4. Erstellen Sie thematische Boards: Überlegen Sie, welche Unterkategorien oder Themenbereiche innerhalb Ihres Hauptthemas existieren. Erstellen Sie für jedes Thema ein separates Board, um Ihre Inhalte zu organisieren und Benutzern zu ermöglichen, gezielt nach bestimmten Themen zu suchen.

5. Pin-Ideen entwickeln: Entwickeln Sie kreative Ideen für Pins, die Ihre Botschaft oder Ihre Produkte visuell darstellen. Berücksichtigen Sie dabei die visuelle Natur von Pinterest und erstellen Sie ansprechende Bilder, Grafiken oder Infografiken, die Ihre Zielgruppe ansprechen.

6. Verwenden Sie rich Pins: Nutzen Sie die verschiedenen Möglichkeiten von rich Pins, z.B. Rezeptebasierte Pins, Kaufpins oder Artikel-Pins, die zusätzliche Informationen anzeigen und die Interaktion mit Ihren Inhalten erhöhen können.

7. Bleiben Sie auf dem Laufenden: Behalten Sie aktuelle Trends und Entwicklungen in Ihrem Bereich im Auge und passen Sie Ihre Pinterest-Strategie entsprechend an. Seien Sie kreativ und experimentieren Sie mit neuen Ideen, um die Aufmerksamkeit Ihrer Zielgruppe zu halten.

Danach folgt die Praxis, die Sie mit einem Redaktionsplan gestalten sollten. Der Redaktionsplan enthält wesentliche Ideen und Inhalte, damit Ihre tägliche PIN-Erstellung weniger chaotisch abläuft.

Hier ist ein Beispiel für die Erstellung eines Redaktionsplans für regelmäßige Pins auf Pinterest:

1. Zielsetzung: Definieren Sie Ihre Ziele für Ihre Pinterest-Präsenz. Möchten Sie Traffic auf Ihre Website lenken, Ihre Marke bekannter machen oder Produkte verkaufen? Ihre Ziele beeinflussen die Art der Pins, die Sie erstellen und wie Sie Ihren Redaktionsplan gestalten.

Identifizieren Sie die Hauptthemen, die Sie auf Pinterest abdecken möchten. Dies könnten beispielsweise **Rezepte**, **DIY-Projekte, Mode oder Reise** sein. Stellen Sie sicher, dass die Themen zu Ihrem Unternehmen und Ihren Zielgruppen passen.

Legen Sie fest, wie oft Sie neue Pins erstellen und veröffentlichen möchten. Dies kann täglich, wöchentlich oder monatlich erfolgen, je nachdem, wie viel Content Sie erstellen können und wie aktiv Ihre Zielgruppe auf Pinterest ist.

Überlegen Sie sich verschiedene Arten von Pins, die Sie erstellen möchten, um Abwechslung und Interesse zu bieten. Dazu könnten Bilder, Infografiken, Produktfotos, Inspirationsboards oder How-to-Anleitungen gehören.

Führen Sie eine Keyword-Recherche durch, um relevante Keywords und Hashtags zu Ihren Themen zu finden. Verwenden Sie diese Keywords und Hashtags in Ihren Boards, Pin-Titeln und -Beschreibungen, um Ihre Inhalte für Benutzer auffindbar zu machen.

Erstellen Sie einen Zeitplan für die Veröffentlichung Ihrer Pins. Planen Sie im Voraus, welche Pins an welchen Tagen veröffentlicht werden sollen. Stellen Sie sicher, dass Sie Ihre Pins zu Zeiten veröffentlichen, zu denen Ihre Zielgruppe online und aktiv ist.

Überlegen Sie sich, wie Sie Ihre Pins nach der Veröffentlichung promoten wollen. Möchten Sie Ihre Pins in relevanten

Gruppenboards teilen, Influencer kontaktieren oder auf anderen Social-Media-Plattformen darauf hinweisen? Planen Sie diese Promotion-Aktivitäten in Ihren Redaktionsplan ein.

Überwachen und analysieren Sie regelmäßig die Leistung Ihrer Pins. Verwenden Sie Tools wie Pinterest Analytics, um zu sehen, welche Pins gut funktionieren und welche nicht. Passen Sie Ihre Pinterest-Strategie entsprechend an, um den Erfolg zu maximieren.

Beachten Sie, dass Pinterest ein langfristiger Kanal ist. Achten Sie darauf, regelmäßig neue Inhalte zu erstellen und Ihre Pins zu aktualisieren. Alte Pins können Sie erneut teilen oder aktualisieren, um sie wieder in den Fokus zu rücken.

Mit einem klaren Redaktionsplan können Sie sicherstellen, dass Sie regelmäßig frische und relevante Inhalte auf Pinterest veröffentlichen und Ihre Zielgruppe ansprechen.

Um Blog- und Website-Inhalte in Pinterest einzubinden, gibt es verschiedene Möglichkeiten:

Fügen Sie eine Pinterest-Schaltfläche auf Ihrer Website oder in Ihrem Blog ein, mit der Besucher Ihre Inhalte direkt auf Pinterest teilen können. Wenn jemand auf diese Schaltfläche klickt, öffnet sich ein Fenster mit Vorschlägen für Bilder, die er auf Pinterest teilen kann.

Rich Pins sind erweiterte Pins, die zusätzliche Informationen aus Ihrer Website anzeigen, z.B. eine Produktbeschreibung, eine Rezeptanleitung oder den Namen des Autors. Um Rich Pins zu nutzen, müssen Sie den entsprechenden Code in den Metadaten Ihrer Website einfügen und Ihre Inhalte bei Pinterest validieren.

Stellen Sie sicher, dass Ihre Blog- und Website-Bilder für Pinterest optimiert sind. Wählen Sie ansprechende Bilder aus, die gut sichtbar und gut lesbar sind. Verwenden Sie aussagekräftige Bildunterschriften und fügen Sie Ihre Website-URL als Wasserzeichen hinzu, um Verlinkungen zu fördern.

Erstellen Sie Boards auf Pinterest, um Ihre Inhalte zu organisieren. Jeder Board kann ein bestimmtes Thema oder eine bestimmte Kategorie repräsentieren. Sie können Ihre eigenen Inhalte auf den entsprechenden Boards pinnen und auch Inhalte von anderen Pinterest-Nutzern repinnen, die zu Ihrem Thema passen.

Verfassen Sie aussagekräftige Beschreibungen für Ihre Pins und verwenden Sie relevante Keywords. Diese helfen Pinterest-Nutzern, Ihre Inhalte zu finden. Verwenden Sie auch Hashtags, um Ihre Pins für Benutzer sichtbarer zu machen.

Beteiligen Sie sich an Gruppenboards, um Ihre Inhalte mit einer größeren Community zu teilen. Sie können auch andere Pinterest-Nutzer einladen, Ihre Boards zu bearbeiten, um gemeinsam Inhalte zu erstellen und zu teilen.

Verfolgen Sie die Leistung Ihrer Pins mithilfe von Pinterest Analytics und anderen Analysediensten. Durch die Analyse von Daten und das Testen verschiedener Inhalte und Strategien können Sie Ihren Erfolg auf Pinterest maximieren.

Indem Sie Ihre Blog- und Website-Inhalte in Pinterest integrieren, können Sie mehr Traffic auf Ihre Website lenken und Ihre Reichweite und Sichtbarkeit erhöhen.

Pinterest-Analytics bietet eine Reihe von Tools und Metriken, um den Erfolg Ihrer Pinterest-Aktivitäten zu messen. Hier sind einige Schritte, wie Sie Pinterest-Analytics zur Erfolgsmessung verwenden können:

Das Pinterest-Analytics-Dashboard zeigt Ihnen zunächst Ihre allgemeine Profilaktivität an, einschließlich der Anzahl der monatlichen Betrachter, der Anzahl der monatlichen

Interaktionen und des durchschnittlichen monatlichen Wachstums. Nutzen Sie diese Informationen, um den generellen Erfolg und die Entwicklung Ihres Pinterest-Profils zu überwachen.

Mit Pinterest-Analytics können Sie die Leistung jedes einzelnen Pins analysieren. Sie können Daten wie Impressionen, Klicks, Repins und Link-Klicks verfolgen. Diese Informationen helfen Ihnen, zu verstehen, welche Pins am besten funktionieren und welche Art von Inhalten Ihre Zielgruppe anspricht.

In Pinterest-Analytics erhalten Sie einen Einblick in Ihre Zielgruppe, einschließlich demografischer Merkmale, Interessen und Standorte. Diese Informationen helfen Ihnen zu verstehen, wer Ihre Inhalte anspricht und wie Sie Ihre Inhalte an die Interessen Ihrer Zielgruppe anpassen können.

Pinterest-Analytics ermöglicht es Ihnen auch, die Leistung Ihres Profils mit der Ihrer Mitbewerber zu vergleichen. Dadurch erhalten Sie einen Überblick über den Markt und können sehen, wie gut Sie im Vergleich zu anderen in Ihrer Branche abschneiden.

Mit Pinterest können Sie verschiedene Versionen desselben Pins oder verschiedene Bilder für denselben Inhalt testen. Nutzen Sie diese Funktion, um zu sehen, welche Version oder welches Bild besser funktioniert und welche Aktionen dazu führen, dass mehr Nutzer auf Ihre Pins klicken oder sie repinnen.

Pinterest-Analytics ermöglicht es Ihnen, den Wert Ihrer Pinterest-Aktivitäten zu messen, indem Sie den Traffic verfolgen, den Ihre Pins auf Ihre Website bringen. Sie können zum Beispiel sehen, wie viele Nutzer Ihre Website besuchen, wie lange sie dort bleiben und wie viele Conversions daraus resultieren.

Indem Sie regelmäßig Pinterest-Analytics nutzen und die Daten analysieren, können Sie Ihre Pinterest-Strategie optimieren und den Erfolg Ihrer Marketingaktivitäten auf Pinterest steigern.

6.7 Das Salz in der Suppe auf Pinterest: Die Interaktion

Eine aktive Interaktion mit anderen Nutzern auf Pinterest kann dazu beitragen, die Sichtbarkeit Ihrer Inhalte zu erhöhen. Hier sind einige Möglichkeiten, wie Sie dies erreichen können:

Wenn Sie Inhalte von anderen Nutzern repinnen, wird Ihr Profil in deren Benachrichtigungen angezeigt und es besteht die Möglichkeit, dass diese Nutzer Ihren Profilbesuch oder sogar das Repinnen Ihrer Inhalte erwägen. Durch das Repinnen von qualitativ hochwertigen Inhalten können Sie auch Ihre eigenen Follower ansprechen und die Wahrscheinlichkeit erhöhen, dass sie Ihre Pins sehen und mit Ihnen interagieren.

Nehmen Sie sich die Zeit, Kommentare zu Pins anderer Nutzer zu hinterlassen. Dies zeigt Ihrem Engagement und Ihre Interaktion wird auch in den Benachrichtigungen anderer Nutzer angezeigt. Sie können auch die Gelegenheit nutzen, Fragen zu stellen oder nützliche Informationen bereitzustellen, um wertvolle Beiträge zu leisten und Ihre Expertise zu zeigen.

Folgen Sie anderen Nutzern, die Inhalte von Interesse für Ihre Zielgruppe teilen. Dies kann dazu führen, dass diese Nutzer auch Ihnen folgen und Ihre Inhalte sehen. Durch das Folgen von anderen Nutzern signalisieren Sie auch Ihr Interesse an ihrer Arbeit und möglicherweise ergibt sich eine Zusammenarbeit oder eine Steigerung der Reichweite durch eine gemeinsame Promotion.

Gruppenboards ermöglichen es Ihnen, mit anderen Nutzern zusammenzuarbeiten und Ihre Inhalte mit einer größeren Zielgruppe zu teilen. Indem Sie Gruppenboards beitreten und Ihre Inhalte dort veröffentlichen, erhöhen Sie Ihre Sichtbarkeit bei den Mitgliedern dieser Gruppen und eröffnen die

Möglichkeit einer breiteren Verteilung Ihrer Inhalte.

Suchen Sie nach einflussreichen Personen oder Marken in Ihrem Bereich und arbeiten Sie mit ihnen zusammen. Dies kann bedeuten, dass Sie ihre Inhalte teilen, sie in Ihren eigenen Pins erwähnen oder an gemeinsamen Aktionen teilnehmen. Durch die Zusammenarbeit mit Influencern können Sie deren Engagement und Reichweite nutzen, um Ihre Sichtbarkeit bei deren Anhängern zu steigern.

Es ist wichtig zu beachten, dass die aktive Interaktion mit anderen Nutzern nicht nur darauf abzielt, Ihre eigene Sichtbarkeit zu erhöhen, sondern auch darum, wertvolle Beziehungen aufzubauen und die Pinterest-Community insgesamt zu stärken. Indem Sie sich aktiv beteiligen und anderen Nutzern helfen, können Sie eine engagierte Community schaffen, die sich gegenseitig unterstützt und voneinander profitiert.

Nutzung von Pinterest-Gruppenboards und Kollaborationen

Die Nutzung von Pinterest-Gruppenboards und Kollaborationen kann eine effektive Möglichkeit sein, Ihre Reichweite auf Pinterest zu steigern und mit anderen Nutzern zusammenzuarbeiten. Hier sind einige Schritte, um dies zu erreichen:

1. Suche nach relevanten Gruppenboards: Verwenden Sie die Suchfunktion auf Pinterest, um nach Gruppenboards zu suchen, die zu Ihren Interessen oder Ihrem Themenbereich passen. Achten Sie darauf, dass sich Ihre Zielgruppe auf diesen Boards befindet und dass der Inhalt für Ihre Nische relevant ist.

2. Kontaktieren Sie den Gruppenboard-Besitzer: Wenn Sie ein Gruppenboard gefunden haben, das Sie interessiert, stellen Sie eine Anfrage, um diesem Board beizutreten. Die meisten Gruppenboards haben einen spezifischen Kontakt oder eine

Anleitung zur Teilnahme in ihrer Board-Beschreibung. Der Board-Eigentümer wird Ihre Anfrage prüfen und entscheiden, ob Sie dem Board beitreten können.

3. Bieten Sie hochwertige Inhalte an: Sobald Sie einem Gruppenboard beigetreten sind, ist es wichtig, hochwertige Inhalte bereitzustellen, die zur Zielgruppe des Boards passen. Stellen Sie sicher, dass Ihre Pins gut gestaltet sind und nützliche Informationen, Inspiration oder Unterhaltung bieten.

4. Interagieren Sie mit anderen Mitgliedern: Nehmen Sie sich Zeit, mit anderen Mitgliedern des Gruppenboards zu interagieren, indem Sie ihre Pins repinnen, kommentieren und liken. Dadurch zeigen Sie Ihr Engagement und steigern die Sichtbarkeit Ihrer eigenen Inhalte.

5. Erstellen Sie Kollaborationsprojekte: Sie können auch gezielte Kollaborationsprojekte mit anderen Pinterest-Nutzern starten. Dies kann die Zusammenarbeit bei der Erstellung spezieller Pins, die gemeinsame Erstellung von Pinnwänden oder sogar die Organisation von Wettbewerben oder Aktionen umfassen. Durch Kollaborationen können Sie Ihr Netzwerk erweitern, neue Zielgruppen erreichen und Ihre Sichtbarkeit auf Pinterest steigern.

Es ist wichtig, sowohl bei der Suche nach Gruppenboards als auch bei Kollaborationen auf Qualität und Relevanz zu achten. Stellen Sie sicher, dass alle Inhalte, die Sie teilen oder mit denen Sie zusammenarbeiten, zu Ihrer Marke, Ihrem Stil und Ihren Zielen passen. Indem Sie sich auf hochwertige, relevante Inhalte konzentrieren, können Sie Ihre Sichtbarkeit auf Pinterest kontinuierlich steigern.

Integration Von Pinterest-Buttons Und Widgets Auf Der Eigenen Website

Um Pinterest-Buttons und Widgets auf Ihrer eigenen Website zu integrieren, können Sie die folgenden Schritte befolgen:

1. Pinterest Business-Konto erstellen: Sie benötigen ein Pinterest Business-Konto, um Pinterest-Buttons und Widgets zu nutzen. Falls Sie noch kein Business-Konto haben, können Sie eines erstellen, indem Sie sich auf der Pinterest-Website anmelden und den Anweisungen folgen.

2. Pinterest Widget Builder verwenden: Pinterest bietet einen Widget Builder an, mit dem Sie verschiedene Arten von Pinterest-Buttons und Widgets erstellen können. Gehen Sie auf die Pinterest-Website und suchen Sie nach "Pinterest Widget Builder".

3. Button-Code generieren: Wählen Sie die Art des Buttons oder Widgets aus, den Sie auf Ihrer Website anzeigen möchten. Dies kann beispielsweise ein "Pin it"-Button, ein "Follow"-Button oder ein "Board"-Widget sein. Passen Sie die Einstellungen nach Bedarf an und klicken Sie dann auf den Button "Code generieren".

4. Code in Ihre Website einbinden: Kopieren Sie den generierten Code und fügen Sie ihn an der Stelle in den HTML-Code Ihrer Website ein, an der Sie den Pinterest-Button oder das Widget anzeigen möchten. Dies kann beispielsweise in der Sidebar, im Header, im Footer oder in einem speziellen Social-Media-Widget-Bereich erfolgen.

5. Überprüfen und Testen: Speichern Sie die Änderungen an Ihrer Website und überprüfen Sie, ob der Pinterest-Button oder das Widget korrekt angezeigt wird. Testen Sie den Button oder das Widget, um sicherzustellen, dass sie ordnungsgemäß funktionieren.

Dies sind grundlegende Schritte für die Integration von

Pinterest-Buttons und Widgets auf Ihrer Website. Sie können auch spezielle Plugins oder Erweiterungen für Ihr Content-Management-System verwenden, um die Einbindung einfacher zu machen. Pinterest bietet auch Anleitungen und Ressourcen auf ihrer Website, um Ihnen bei der Integration zu helfen.

Teilnahme an Pinterest-Wettbewerben und Kampagnen

Um an Pinterest-Wettbewerben und Kampagnen teilzunehmen, können Sie die folgenden Schritte befolgen:

1. Pinterest-Konto erstellen oder anmelden: Sie benötigen ein Pinterest-Konto, um an Wettbewerben und Kampagnen teilzunehmen. Wenn Sie noch kein Konto haben, können Sie sich auf der Pinterest-Website registrieren. Wenn Sie bereits ein Konto haben, melden Sie sich einfach an.

2. Suchen nach Wettbewerben und Kampagnen: Überprüfen Sie regelmäßig die Pinterest-Startseite und die Suchleiste nach aktuellen Wettbewerben und Kampagnen. Viele Marken und Unternehmen nutzen Pinterest, um Wettbewerbe und Kampagnen zu veranstalten, um ihre Produkte oder Dienstleistungen zu fördern.

3. Lesen Sie die Anforderungen und Regeln: Klicken Sie auf die Wettbewerbs- oder Kampagnenanzeige, um weitere Informationen zu erhalten. Lesen Sie die Anforderungen, Regeln, Einschränkungen und Fristen sorgfältig durch.

4. Nehmen Sie teil: Wenn Sie die Anforderungen erfüllen und interessiert sind, nehmen Sie an dem Wettbewerb oder der Kampagne teil. Dies kann das Erstellen von Pinnwänden, das Hochladen von Pins oder das Verwenden bestimmter Hashtags für Ihre Pins beinhalten. Führen Sie die erforderlichen Schritte aus, um Ihre Teilnahme zu bestätigen.

5. Erfüllen Sie alle Vorgaben: Achten Sie darauf, dass Sie alle

Vorgaben und Regeln des Wettbewerbs oder der Kampagne einhalten. Dies kann die Verwendung eines bestimmten Hashtags, das Teilen von bestimmten Pins oder das Erstellen von Pinnwänden zu einem bestimmten Thema umfassen.

6. Verfolgen Sie den Wettbewerb oder die Kampagne: Halten Sie den Fortschritt des Wettbewerbs oder der Kampagne im Auge, um zu sehen, ob Sie gewinnen oder belohnt werden.

Es ist wichtig, die spezifischen Anforderungen und Regeln jedes Wettbewerbs oder jeder Kampagne zu beachten, da diese je nach Veranstalter variieren können. Lesen Sie die Teilnahmebedingungen sorgfältig durch und stellen Sie sicher, dass Sie alle Vorgaben erfüllen, um eine faire Teilnahme sicherzustellen.

6.8 Pinterest-Werbung und Paid Media

Einrichtung und Nutzung von Pinterest Ads
Um Pinterest Ads einzurichten und zu nutzen, können Sie die folgenden Schritte befolgen:

1. Erstellen Sie ein Geschäftskonto: Sie benötigen ein Geschäftskonto, um Pinterest Ads einzurichten und zu nutzen. Wenn Sie noch kein Geschäftskonto haben, können Sie auf der Pinterest-Website ein Konto erstellen oder sich mit Ihrem persönlichen Konto anmelden und zu einem Geschäftskonto wechseln.

2. Installieren Sie den Pinterest Tag: Der Pinterest Tag ist ein Tracking-Code, den Sie auf Ihrer Website installieren müssen, um das Verhalten der Benutzer zu verfolgen und Ihre Pinterest Ads zu optimieren. Sie können den Tag entweder manuell installieren oder einen Tag-Manager verwenden, um dies zu erleichtern.

3. Planen Sie Ihre Kampagne: Überlegen Sie, welche Ziele Sie mit Ihrer Pinterest Ads-Kampagne erreichen möchten. Möchten Sie den Traffic auf Ihrer Website erhöhen, die Anzahl der Conversions steigern oder Ihre Markenbekanntheit verbessern? Bestimmen Sie Ihre Zielgruppe und das Budget für die Kampagne.

4. Erstellen Sie Ihre Anzeige: Wählen Sie das richtige Anzeigenformat für Ihre Kampagne aus, z. B. Promoted Pins, Promoted Carousels oder Promoted Videos. Erstellen Sie ansprechende und anziehende Anzeigen mit ansprechenden Bildern, aussagekräftigen Überschriften und Beschreibungen.

5. Zielgruppe festlegen: Verwenden Sie die Targeting-Optionen von Pinterest, um Ihre Anzeigen gezielt an Personen

auszurichten, die Ihren potenziellen Kunden ähneln. Sie können nach Interessen, Keywords, Standorten, demografischen Daten und vielem mehr auswählen.

6. Budget und Kampagnenlaufzeit festlegen: Legen Sie Ihr Budget fest und bestimmen Sie, wie lange Ihre Kampagne laufen soll. Sie können entweder ein Tagesbudget oder ein Gesamtbudget festlegen.

7. Starten Sie Ihre Kampagne: Überprüfen Sie alle Einstellungen und Details Ihrer Kampagne, bevor Sie sie starten. Stellen Sie sicher, dass alles korrekt ist und entscheiden Sie dann, ob Sie die Kampagne manuell oder automatisch optimieren möchten.

8. Überwachen und optimieren Sie Ihre Kampagne: Behalten Sie Ihre Kampagne im Auge und analysieren Sie die Leistung. Passen Sie Ihre Strategie bei Bedarf an, um die bestmöglichen Ergebnisse zu erzielen. Experimentieren Sie mit verschiedenen Zielgruppen, Anzeigenformaten und Geboten, um die Wirksamkeit Ihrer Anzeigen zu maximieren.

Es ist wichtig, sich mit den Werberichtlinien von Pinterest vertraut zu machen, um sicherzustellen, dass Ihre Anzeigen den Vorgaben entsprechen und genehmigt werden können. Verwenden Sie auch die Analysen von Pinterest, um Einblicke in die Leistung Ihrer Kampagne zu erhalten und Ihre zukünftigen Anzeigen zu optimieren.

Optimierung Von Anzeigenformaten Und Targeting-Optionen

Targeting-Optionen bei Pinterest Ads zu optimieren, können Sie die folgenden Schritte durchführen:

1. Überwachen Sie die Leistung Ihrer Anzeigen: Schauen Sie sich regelmäßig die Daten und Analysen zu Ihren Anzeigen an, um zu sehen, wie sie performen. Überprüfen Sie Metriken

wie Klicks, Impressions, Conversions und Engagement, um ein besseres Verständnis dafür zu erhalten, welche Anzeigen gut funktionieren und welche nicht.

2. Experimentieren Sie mit verschiedenen Anzeigenformaten: Testen Sie verschiedene Anzeigenformaten, wie zum Beispiel Promoted Pins, Promoted Carousels oder Promoted Videos, um herauszufinden, welches Format am besten funktioniert. Vergleichen Sie die Leistung der einzelnen Formate, um zu sehen, welche mehr Klicks, Conversions oder Engagement erzielen.

3. Verwenden Sie A/B-Testing: Führen Sie A/B-Tests durch, um verschiedene Versionen Ihrer Anzeigen zu vergleichen. Ändern Sie beispielsweise die Überschrift, das Bild oder die Beschreibung und analysieren Sie, welche Version die besten Ergebnisse liefert. Nutzen Sie die gewonnenen Erkenntnisse, um Ihre Anzeigen weiter zu optimieren.

4. Verfeinern Sie Ihr Targeting: Testen Sie verschiedene Targeting-Optionen, um Ihre Zielgruppe noch genauer anzusprechen. Probieren Sie verschiedene Interessen, Keywords, demografische Daten und Standorte aus und analysieren Sie die Leistung. Identifizieren Sie, welche Targeting-Optionen das beste Engagement und die meisten Conversions generieren.

5. Nutzen Sie die Lookalike Audience-Funktion: Pinterest bietet die Möglichkeit, Lookalike Audiences zu erstellen, die ähnliche Merkmale wie Ihre bestehende Kundendatenbank haben. Dies kann helfen, Ihre Targeting-Optionen zu verbessern und potenzielle Kunden anzusprechen, die Ihren bestehenden Kunden ähneln.

6. Berücksichtigen Sie das Nutzerverhalten: Analysieren Sie das Verhalten Ihrer Zielgruppe auf Pinterest, um Einblicke in deren Vorlieben und Gewohnheiten zu gewinnen. Verwenden

Sie diese Informationen, um Ihre Anzeigen auf die Bedürfnisse und Interessen Ihrer Zielgruppe abzustimmen und relevanter zu gestalten.

7. Optimieren Sie kontinuierlich: Seien Sie bereit, Ihre Anzeigenformaten und Targeting-Optionen kontinuierlich zu testen, zu überwachen und zu optimieren. Je mehr Daten und Erkenntnisse Sie sammeln, desto besser können Sie Ihre Anzeigen anpassen und die Ergebnisse verbessern.

Denken Sie daran, dass Anzeigenoptimierung ein kontinuierlicher Prozess ist. Es erfordert Zeit, Testen und Datenanalyse, um herauszufinden, welche Anzeigenformate und Targeting-Optionen am besten funktionieren. Seien Sie geduldig und passen Sie Ihre Strategie bei Bedarf an, um die gewünschten Ergebnisse zu erzielen.

6.9 Best Practices und Fallstudien im Pinterest Marketing

Case Study Pinterest Nordstrom

Pinterest ist eine Social-Media-Plattform, auf der Benutzer Ideen zu verschiedenen Themen entdecken und speichern können, darunter Wohnkultur, Kochen, Mode und mehr. Es hat Millionen von aktiven Nutzern und bietet Unternehmen eine einzigartige Gelegenheit, ihre Zielgruppe zu erreichen und mit ihr in Kontakt zu treten.

Eine Fallstudie für erfolgreiches Pinterest-Marketing ist die des Einzelhändlers Nordstrom. Das Unternehmen hat das Potenzial von Pinterest frühzeitig erkannt und seine Präsenz auf der Plattform optimiert, um Traffic und Umsatz zu steigern. Nordstrom nutzte eine Kombination aus organischen und bezahlten Marketingstrategien, um seine Ziele zu erreichen.

Nordstrom erstellte visuell ansprechende und ansprechende Inhalte, die den Interessen und Vorlieben seiner Zielgruppe entsprachen. Sie erstellten Thementafeln zu verschiedenen Themen wie "Frühlingsmodetrends" und "Wohnkulturinspiration", um verschiedene Kundensegmente anzusprechen. Das Unternehmen konzentrierte sich auf hochwertige, optisch ansprechende Produktbilder, die zur Ästhetik der Plattform passten.

Um ihre Reichweite weiter zu steigern, arbeitete Nordstrom mit beliebten Influencern und Bloggern zusammen, um Markeninhalte zu erstellen. Dies erhöhte nicht nur ihre Sichtbarkeit, sondern trug auch dazu bei, Vertrauen und Glaubwürdigkeit bei potenziellen Kunden aufzubauen.

Zusätzlich zu den organischen Inhalten nutzte Nordstrom auch die bezahlten Werbeoptionen von Pinterest. Sie erstellten Promoted Pins, die in den Home-Feeds und Suchergebnissen der Nutzer erscheinen, und richteten sie basierend auf demografischen Merkmalen und Interessen auf ihre ideale Zielgruppe aus. Diese Promoted Pins enthielten ansprechende Bilder und direkte Links zu den Produktseiten auf der Nordstrom-Website, was den Nutzern den Kauf erleichterte.

Durch die Umsetzung dieser Strategien konnte Nordstrom signifikante Ergebnisse erzielen. Sie verzeichneten einen Anstieg des Traffics von Pinterest um 70 % und einen Anstieg der Einnahmen aus der Plattform um 75 %. Der Erfolg von Nordstrom auf Pinterest hat auch zu einer erhöhten Markenbekanntheit und Kundenbindung geführt.

Insgesamt zeigt diese Fallstudie die Macht des Pinterest-Marketings, wenn es effektiv durchgeführt wird. Durch die Erstellung visuell ansprechender Inhalte, den Einsatz von Influencern und die Nutzung bezahlter Werbeoptionen können Unternehmen den Traffic steigern, den Umsatz steigern und die Markentreue auf der Plattform aufbauen.

Die folgenden Fallbeispiele zeigen sehr deutlich in welchen Bereichen Pinterest eine ideale Landschaft für Werbetreibende darstellen kann. Gerade Branchen und Produktbereiche, bei denen Kunden zunächst Inspiration benötigen, können von der Reichweite von Pinterest profitieren.

Sephora

Sephora nutzt Pinterest, um **Inspirationsboards** für verschiedene Make-up-Looks, Hautpflege-Routinen und Haarstyles zu erstellen. Sie zeigen auch Produktempfehlungen und DIY-Tutorials. Dies spricht ihre Zielgruppe von Beauty-

Enthusiasten an und hilft ihnen, ihre Produkte zu präsentieren.

Etsy

Etsy nutzt Pinterest, um ihre Produktpalette zu präsentieren. Sie erstellen Pinnwände zu verschiedenen Themen wie **Hochzeiten, Heimdekoration und Geschenkideen**. Durch das Teilen von hochwertigen Bildern ihrer Produkte können sie potenzielle Kunden ansprechen und Traffic auf ihre Website lenken.

L.l.bean

L.L.Bean nutzt Pinterest, um Outdoor-Enthusiasten anzusprechen. Sie teilen Bilder von **Campingausflügen, Wanderungen und anderen Outdoor-Aktivitäten**. Dies hilft ihnen, sich als Marke für Outdoor-Ausrüstung und -Bekleidung zu positionieren und potenzielle Kunden zu inspirieren.

Home Depot

Home Depot nutzt Pinterest, um DIY-Projekte und Heimwerkerideen zu teilen. Sie haben Boards zu verschiedenen Themen wie Gartengestaltung, Heimwerkerprojekte oder Inneneinrichtung. Dadurch können sie ihre Zielgruppe von Heimwerkerbegeisterten ansprechen und Expertise im DIY-Bereich zeigen.

Whole Foods

Whole Foods nutzt Pinterest, um Rezeptideen und Inspirationen für gesunde Ernährung zu teilen. Sie haben Pinnwände zu bestimmten Ernährungsbedürfnissen wie vegan, glutenfrei oder low-carb. Dadurch können sie ihre Zielgruppe von gesundheitsbewussten Verbrauchern erreichen und ihnen nahrhafte und köstliche Rezepte bieten.

Diese Beispiele zeigen, wie Unternehmen Pinterest nutzen können, um ihre Zielgruppe anzusprechen, Produkte zu präsentieren und Inspiration zu bieten. Durch die Nutzung der visuellen Natur von Pinterest können Unternehmen ihre Markenbekanntheit steigern und potenzielle Kunden ansprechen.

Tipps Und Tricks Für Effektives Pinterest Marketing

Auf Basis der Fallbeispiele ist es möglich Profile zu optimieren und die Ausrichtung grundsätzlich anzupassen. Es ist zu empfehlen, Bilder grundsätzlich professionell zu gestalten, um Kunden nicht von den eigenen Angeboten abzuschrecken.

1. **Optimieren Sie Ihr Profil:** Stellen Sie sicher, dass Ihr Unternehmensprofil vollständig ausgefüllt ist und alle relevanten Informationen enthält. Verwenden Sie ein professionelles Profilbild und eine Beschreibung, die Ihre Marke und Ihre Kernbotschaft vermittelt.

2. **Erstellen Sie ansprechende Pinnwände:** Organisieren Sie Ihre Pins in thematischen Pinnwänden, um Benutzern eine einfache Navigation zu ermöglichen. Verwenden Sie aussagekräftige Titel und Beschreibungen für Ihre Pinnwände, um das Interesse der Nutzer zu wecken.

3. **Verwenden Sie hochwertige Bilder:** Pinterest ist eine visuelle Plattform, daher ist die Qualität Ihrer Bilder von entscheidender Bedeutung. Verwenden Sie hochauflösende und ansprechende Bilder, um die Aufmerksamkeit der Nutzer zu erregen und sie zum Klicken und Teilen zu motivieren.

4. Verwenden Sie gut durchdachte Keywords: Nutzen Sie relevante Keywords in Ihren Pin-Beschreibungen, um Ihre Pins für Suchanfragen sichtbar zu machen. Verwenden Sie auch Hashtags, um Ihre Reichweite zu erhöhen.

5. Verlinken Sie auf Ihre Website: Stellen Sie sicher, dass Ihre Pins auf Ihre Website oder Landing Page verlinken, um den Besucherverkehr zu erhöhen und potenzielle Kunden auf Ihre Produkte oder Dienstleistungen aufmerksam zu machen.

6. Nutzen Sie Rich Pins: Rich Pins sind erweiterte Pins, die zusätzliche Informationen wie Preise, Verfügbarkeit und mehr enthalten können. Sie bieten eine bessere Benutzererfahrung und helfen Ihnen, Ihre Produkte effektiver zu vermarkten.

7. Nutzen Sie Pinterest Analytics: Nutzen Sie die Analytics-Funktionen von Pinterest, um zu verstehen, welche Pins am besten abschneiden und welche Themen und Bilder Ihre Zielgruppe am meisten ansprechen. Nutzen Sie diese Erkenntnisse, um Ihre Pinterest-Strategie zu optimieren.

8. Interagieren Sie mit anderen Nutzern: Pinterest ist eine soziale Plattform, daher sollten Sie aktiv mit anderen Nutzern interagieren. Repinnen, liken und kommentieren Sie die Beiträge anderer Benutzer, um Beziehungen aufzubauen und Ihre Reichweite zu erhöhen.

9. Nutzen Sie Group Boards: Treten Sie relevanten Pinterest-Gruppenboards bei, um Ihre Reichweite zu erhöhen und Ihre Pins einem neuen Publikum zugänglich zu machen. Achten Sie darauf, wertvolle Inhalte beizutragen und die Gruppenrichtlinien zu beachten.

10. Testen und optimieren Sie Ihre Strategie: Führen Sie regelmäßig Tests durch, um herauszufinden, welche Arten von Pins und Themen bei Ihrer Zielgruppe am besten funktionieren.

Optimieren Sie Ihre Strategie entsprechend, um Ihre Pinterest-Marketing-Ergebnisse zu verbessern.

- **Dos and Don'ts im Umgang mit Pinterest**

Gebote

1. Erstellen Sie hochwertige und optisch ansprechende Pins, die auffallen und die Aufmerksamkeit der Benutzer auf sich ziehen.
2. Verwenden Sie Schlüsselwörter und Hashtags in Ihren Pin-Beschreibungen, um die Auffindbarkeit zu verbessern.
3. Interagieren Sie mit anderen Benutzern, indem Sie ihre Inhalte liken, kommentieren und pinnen, um Beziehungen aufzubauen und Ihre Reichweite zu erhöhen.
4. Aktualisieren und aktualisieren Sie Ihre Boards regelmäßig mit neuen Inhalten, um Ihr Profil interessant und relevant zu halten.
5. Optimieren Sie Ihre Website für Pinterest, indem Sie **Share-Buttons, Pin-it-Buttons und Rich Pins** hinzufügen, um es den Nutzern zu erleichtern, Ihre Inhalte zu speichern und zu teilen.
6. Verwenden Sie Pinterest Analytics, um Ihre Leistung zu verfolgen und Einblicke zu erhalten, welche Pins und Pinnwände bei Ihrer Zielgruppe Anklang finden.
7. Nehmen Sie an Gruppenboards und Kooperationen teil, um Ihre Reichweite zu vergrößern und mit neuen Benutzern in Kontakt zu treten.
8. Experimentieren Sie mit verschiedenen Arten von Inhalten, Formaten und Stilen, um herauszufinden, was bei Ihrem Publikum am besten ankommt.
9. Bieten Sie Ihrem Publikum einen **Mehrwert**, indem Sie hilfreiche und informative Inhalte teilen, die seinen Interessen entsprechen.
10. Seien Sie konsequent in Ihren **Pinning-Aktivitäten**, um eine aktive Präsenz aufrechtzuerhalten und mit Ihren Followern in Kontakt zu treten.

Verbote

1. Verwenden Sie **keine minderwertigen Bilder** oder Inhalte, die für Benutzer unprofessionell oder unattraktiv erscheinen könnten.
2. **Spammen Sie nicht** und bewerben Sie Ihre Produkte oder Dienstleistungen nicht übermäßig. Konzentrieren Sie sich stattdessen darauf, wertvolle und hilfreiche Inhalte bereitzustellen.
3. Vergessen Sie nicht, Ihr Pinterest-Profil und Ihre Pinnwände mit relevanten **Schlüsselwörtern, Beschreibungen** und **Links** zu optimieren.
4. Ignorieren Sie nicht das **Feedback und die Kommentare** Ihres Publikums. Treten Sie mit ihnen in Kontakt und beantworten Sie ihre Fragen und Kommentare zeitnah.
5. Konzentrieren Sie sich nicht nur auf Eigenwerbung. Präsentieren Sie eine Vielzahl von **Inhalten aus verschiedenen Quellen**, um Ihr Profil interessant und vielfältig zu halten.
6. Verstoßen Sie nicht gegen Urheberrechtsgesetze, indem Sie Bilder oder Inhalte ohne ordnungsgemäße Erlaubnis oder Namensnennung verwenden.
7. Vernachlässigen Sie nicht, Ihre **Pinterest-Analysen zu verfolgen** und zu analysieren, um zu verstehen, was in Ihrer Strategie funktioniert und was nicht.
8. Vernachlässigen Sie nicht, Ihr **Pinterest-Profil auf anderen Social-Media-Plattformen und Ihrer Website** zu bewerben, um mehr Follower zu gewinnen.
9. Unterschätzen Sie nicht den Wert der **Zusammenarbeit und des Engagements mit anderen Benutzern**. Der Aufbau von Beziehungen und die Förderung eines Gemeinschaftsgefühls sind der Schlüssel zu Pinterest.
10. Vergessen Sie nicht, **Trends und Veränderungen in Ihrer Branche** zu beobachten und darauf zu reagieren, um relevant zu

bleiben und Ihrem Publikum zeitnahe und wertvolle Inhalte zur Verfügung zu stellen.

Zukunftstrends Im Pinterest Marketing

Aktuelle Entwicklungen in der Pinterest-Plattform beinhalten:

1. Neue Funktionen für E-Commerce: Pinterest hat verschiedene neue Tools und Funktionen eingeführt, um die Nutzung der Plattform für E-Commerce zu verbessern. Dazu gehören beispielsweise das Hinzufügen von Produkt-Pins, Shopping Ads und die Integration von Shopify für einen nahtlosen Einkaufsprozess.

2. Verbesserte Suchfunktion und Personalisierung: Pinterest hat seine Suchfunktion verbessert, um eine bessere Nutzererfahrung zu bieten. Es wurden neue Filteroptionen eingeführt, um die Ergebnisse genauer anzupassen. Außerdem wird die Plattform personalisierter, um individuellere Inhalte basierend auf den Interessen und Vorlieben der Nutzer anzuzeigen.

3. Erweiterte Pin-Funktionen: Pinterest hat auch neue Funktionen für Pins eingeführt, um die Interaktion und Engagement der Nutzer zu verbessern. Dazu gehören zum Beispiel Pincodes, mit denen Nutzer auf Inhalte und Informationen direkt von gedruckten Materialien zugreifen können, sowie Story Pins, die es ermöglichen, Geschichten mit mehreren Bildern und Videos zu erstellen.

4. Mehr Fokus auf Videoinhalte: Pinterest hat erkannt, dass Videos eine wichtige Rolle im Nutzererlebnis spielen und hat daher seine Video-Funktionen erweitert. Es können jetzt längere Videos hochgeladen werden und automatisch abspielende Videos werden in den Feeds angezeigt.

5. Internationale Expansion: Pinterest hat seine Präsenz in verschiedenen Ländern ausgebaut und ist inzwischen in über 30 Sprachen verfügbar. Dies ermöglicht es Unternehmen, ihre Reichweite auf globaler Ebene zu vergrößern.

6. Bekämpfung von Fehlinformationen: Pinterest hat Maßnahmen ergriffen, um die Verbreitung von Fehlinformationen auf der Plattform zu reduzieren. Es werden verstärkt gesponserte Inhalte überprüft und es gibt Richtlinien für das Teilen von Informationen zu Gesundheit, Ernährung und anderen sensiblen Themen.

Dies sind nur einige Beispiele für aktuelle Entwicklungen auf der Pinterest-Plattform. Es ist wichtig, dass Unternehmen und Nutzer auf dem Laufenden bleiben, um die neuesten Funktionen und Möglichkeiten optimal nutzen zu können.

Potenziale Und Herausforderungen Für Zukünftiges Pinterest Marketing

1. E-Commerce: Pinterest hat sich zu einer beliebten Plattform für E-Commerce entwickelt. Durch die Integration von Produkt-Pins, Shopping Ads und die nahtlose Verbindung mit Plattformen wie Shopify können Unternehmen direkt auf der Plattform verkaufen und ihre Produkte einer breiten Zielgruppe präsentieren.

2. Inspirierende Inhalte: Pinterest ist bekannt für seine inspirierenden Inhalte und ist eine beliebte Quelle für Ideen, Inspiration und Produktentdeckungen. Unternehmen, die ansprechende und kreative Inhalte erstellen, haben die Möglichkeit, Nutzer anzusprechen und ihre Markenbekanntheit zu steigern.

3. Visuelle Suchfunktionen: Pinterest ermöglicht es Nutzern, anhand von Bildern nach ähnlichen Inhalten zu suchen. Dies bietet Unternehmen die Möglichkeit, ihre Produkte und Dienstleistungen durch visuelle Ähnlichkeiten zu präsentieren und ihre Sichtbarkeit zu erhöhen.

4. Internationale Reichweite: Mit über 450 Millionen aktiven Nutzern weltweit bietet Pinterest Unternehmen die Möglichkeit, ihre Reichweite auf globaler Ebene zu vergrößern und neue Zielgruppen anzusprechen.

Herausforderungen für zukünftiges Pinterest-Marketing:

1. Wettbewerb um Aufmerksamkeit: Da Pinterest eine visuell orientierte Plattform ist, konkurrieren Unternehmen mit einer Vielzahl von Inhalten und anderen Marken um die Aufmerksamkeit der Nutzer. Es ist wichtig, qualitativ hochwertige und ansprechende Inhalte zu erstellen, um sich hervorzuheben.

2. Kontinuierliche Optimierung: Pinterest aktualisiert regelmäßig seine Algorithmen und Funktionen. Dies erfordert von Unternehmen eine fortlaufende Optimierung ihrer Strategien und Taktiken, um die besten Ergebnisse zu erzielen und sich den Änderungen anzupassen.

3. Datenschutz und Vertrauen: Wie bei jeder Social-Media-Plattform besteht auch auf Pinterest die Herausforderung, das Vertrauen der Nutzer in Bezug auf Datenschutz und Sicherheit zu gewinnen und ihre Daten angemessen zu schützen. Unternehmen müssen transparent sein und bewährte Datenschutzpraktiken anwenden, um das Vertrauen der Nutzer zu gewinnen.

4. Ad-Blocker und Anzeigenakzeptanz: Wie andere Social-Media-Plattformen wird Pinterest durch Ad-Blocker beeinflusst, die die Sichtbarkeit von Anzeigen einschränken können. Unternehmen müssen sicherstellen, dass ihre Anzeigen für die

Nutzer akzeptabel sind und relevante Inhalte bieten, um die Wirksamkeit ihrer Kampagnen zu steigern.

5. Messung des Erfolgs: Die Messung und Bewertung des Erfolgs von Pinterest-Marketingkampagnen kann eine Herausforderung darstellen. Es ist wichtig, die richtigen Kennzahlen zu identifizieren und geeignete Tools und Methoden einzusetzen, um den ROI zu analysieren und den Erfolg zu bestimmen.

Diese Potenziale und Herausforderungen zeigen, dass eine strategische Herangehensweise an Pinterest-Marketing erforderlich ist, um die Vorteile dieser Plattform voll auszuschöpfen und erfolgreich zu sein.

KAPITEL 6: DER KUNDEN ALS ZENTRALE FIGUR IM E-COMMERCE

Im Zentrum des Online Business steht die Akquise von neuen Kunden, die sogenannte Kundengewinnung. Anders als im Marketing wird bei Werbung gezielt nach passenden Kunden gesucht.

Während im Marketing noch das Produkt angepriesen wird, in der Hoffnung, dass irgendwo ein Interessent erscheint, wird im Prospecting der Kunde gezielt gesucht. Als beliebte direkte Varianten zählen sogenannte Cold Calls, E-Mail an Interessenten und weitere Maßnahmen, die Kunden und potentielle Kunden direkt ansprechen.

6.1 Unterschiedliche Kundentypologien als Grundlage der Zielgruppensegmentation

Es ist schwierig aus der großen Masse, Personen zu finden, die für Ihre Produkte in Frage kommen. Nur wenn Sie eine genaue Vorstellung haben, wer tatsächlich als Käufer in Frage kommt, haben Sie die Möglichkeit Verbesserungen vorzunehmen. Zahlreiche Merkmale können aber im Vorfeld berücksichtigt werden, auch um Werbekampagnen zu verbessern. Diese Merkmale werden im folgenden genauer betrachtet.

Kunden, die schon mal ein Produkt gekauft haben, sind immer sehr interessant, weil Sie grundsätzlich eine Wiederkaufschance mitbringen. Gerade bei Facebook ist es möglich Kundengruppen anzusprechen, die vielleicht schon mal ein Produkt aus einer bestimmten Produktgruppe gekauft haben. Wenn Sie also zum Beispiel Sportartikel verkaufen, dann gibt es vielleicht in Social Media Gruppen Personen, die regelmäßig Sportartikel für sich oder Ihre Kinder kaufen. Genauso können die passenden Interessengruppen genutzt werden, um auf entsprechende Verkaufsartikel im eigenen Shop aufmerksam zu machen.

Die direkte Produktsuche in einer Suchmaschine wie Google ist ebenfalls eine sehr spezielle Kundengruppe. Hier ist das Interesse für Unternehmen besonders groß, denn im Optimalfall wird bereits exakt nach einem bestimmten Angebot gesucht.

Dann gilt es passende Werbung oder Möglichkeiten zu nutzen. Dennoch wird Ihr Produkt wahrscheinlich sehr selten exakt gesucht. Die Anzahl der Suchenden wird also entsprechend gering sein, es sei denn Sie verkaufen tatsächlich ein weltweit bekanntes Produkt, das einen sehr hohen Bekanntheitsgrad hat.

Natürlich liefern auch Probleme ein zentrales Kaufsignal, wenn Sie die Lösung vielleicht mit Ihren Produkten ansprechen. Sie verkaufen zum Beispiel ein Bleaching, dann werden Sie vielleicht genau Leute mit Zahnverfärbungen erreichen, die eventuell häufig rauchen oder Rotwein trinken. Ebenfalls können aber auch Außendienstmitarbeiter Ihr Interesse bekunden, weil Sie jeden Tag den ersten Eindruck nutzen müssen, um sich beim Kunden zu präsentieren.

Ein gepflegtes Äußeres wird dabei zur Jobbedingung. Insofern sollte auch unterschieden werden zwischen Traffic und hochqualifizierten Leads. Der allgemeine Traffic kommt vielleicht aus verschiedenen Gründen auf Ihre Website. Hochinteressierte Zielgruppen werden allerdings auch bei Ihnen einkaufen. Ebenfalls ist es nicht immer einfach direkte Zielgruppen mit Ihrem Produktangebot zu verknüpfen.

Dieser Abschnitt hat gezeigt, dass Sie sich einen hohen Aufwand sparen und Ihre Effizienz bei Ihren Werbemaßnahmen steigern können, wenn Sie im Vorfeld über Ihre Kundenstruktur nachdenken. Social Media Netzwerke und Suchmaschinen stellen mittlerweile eine ganze Reihe an zielgruppenrelevanten Informationen bereit. Denken Sie daran dieses Potential auch auszuschöpfen: Ebenfalls wird an den Typologien deutlich, dass sich die Gesetzmäßigkeiten im Online Marketing grundlegend vom stationären Handel unterscheiden.

Der Kunde achtet vor dem Bildschirm auf andere Anreize. Der Verkauf erfolgt grundlegend anders. Zudem sind auch grundlegende Verkaufsverhaltensweise vollkommen anders zu verstehen.

So wird auch an bestimmten Tagen häufiger, und anderen Tagen in der Woche seltener eingekauft. Wer im Internet erfolgreich sein will, sollte sich also im Vorfeld intensiv mit Statistiken auseinandersetzen. Diese Informationen können ein wesentliches Erfolgselement darstellen, wenn ein Produkt nicht zum „Flop“ werden soll. Folgende Kundengruppen sind für Sie interessant:

- Kunden, die bereits bei Ihnen gekauft haben
- Kunden, die sich für produktnahe Themen interessieren
- Kunden, die sich mit Problemen beschäftigen, die Sie mit Ihren Produkten lösen
- Kunden, die sich auch in Zukunft vorstellen können Online einzukaufen

Im Folgenden wird es zudem wichtig sein, bestimmte Kundengruppen über verschiedene Kommunikationskanäle zu erreichen

6.2 Die richtige Kundenkommunikation wählen

Theoretische Ansätze zur Erklärung von Kundenkommunikation sind wertvoll, denn sie können Erklärungsansätze bieten und für neue Handlungsempfehlungen in der Praxis sorgen.
Im Online-Shopping können verschiedene wissenschaftliche Kommunikationsmodelle zur Anwendung kommen. Dabei ist zunächst festzuhalten, dass jedes theoretische Modell seine Schwächen hat und zudem nie alle Probleme des E-Commerce auf einmal lösen wird.

Dennoch lohnt sich der Blick auf einige Kommunikationstheorien und -arten, um später ein besseres Verständnis und Lösungsvorschläge für Probleme entwickeln zu können.

Einige davon sind:

1. Das Sender-Empfänger-Modell: Dieses Modell betrachtet die Kommunikation als einen linearen Prozess, bei dem der Verkäufer (Sender) Informationen an den Käufer (Empfänger) übermittelt. Im Online-Shopping kann dies zum Beispiel in Form von Produktbeschreibungen, Bildern und Videos geschehen.

2. Das AIDA-Modell: Dieses Modell beschreibt die Schritte, die ein Käufer durchläuft, um eine Kaufentscheidung zu treffen. AIDA steht für Attention (Aufmerksamkeit), Interest (Interesse), Desire (Verlangen) und Action (Handlung).

Im Online-Shopping können verschiedene Kommunikationsmittel eingesetzt werden, um diese Schritte zu unterstützen, wie zum Beispiel Online-Werbung,

Produktbewertungen und personalisierte Empfehlungen.

3. Das Elaboration-Likelihood-Modell: Dieses Modell betrachtet die Verarbeitung von Informationen durch den Käufer und unterscheidet zwischen zwei Arten der Überzeugung: zentrale Überzeugung (elaborative Verarbeitung) und periphere Überzeugung (oberflächliche Verarbeitung). Im Online-Shopping können verschiedene Taktiken eingesetzt werden, um den Käufer zu überzeugen, wie zum Beispiel detaillierte Produktbeschreibungen, Kundenbewertungen und Social Proof.

4. Das Transaktionskostenmodell: Dieses Modell betrachtet den Einfluss von Transaktionskosten auf das Kaufverhalten. Transaktionskosten umfassen unter anderem die Kosten für die Informationsbeschaffung und den Vergleich von Produkten. Im Online-Shopping können verschiedene Kommunikationsmittel eingesetzt werden, um Transaktionskosten zu reduzieren, wie zum Beispiel Suchmaschinen, Online-Vergleichsportale und Kundenbewertungen.

Diese theoretischen Grundlagen spielen eine Rolle, um den Kunden während des Einkaufs möglichst erfolgreich zu den eigenen Produkten zu führen und evtl. vorhandene Kaufbarrieren effektiver abbauen zu können.

- **Praxisbeispiel zur Bestimmung von Phasen bei der Produktsuche**

Die Bedeutung des Kommunikationsmodell AIDA ist vielerorts bekannt. Es ist im Marketing wichtig, denn es bildet die Grundlage der Kommunikationspolitik vieler Unternehmen und Werbemaßnahmen. Die theoretischen Grundlagen sollen Ihnen auch helfen, Ihre Zielgruppe besser kennen zu lernen und anzuwerben.

Im Online Marketing spielt die Gliederung im Hinblick auf die Intensität des User Engagement eine große Rolle. So wird im späteren Verlauf die Rolle des Sales Funnel noch näher erläutert werden. Das AIDA Modell liefert in diesem Modell einen wichtigen Baustein. AIDA steht für Attention (Aufmerksamkeit), Interest (Interesse), Desire (Verlangen) und Action (Aktion bzw. Kauf).

Es ist davon auszugehen, dass jeder Kauf nur erfolgt, wenn ein Kunde diese Phasen durchlaufen konnte, ohne dabei das Interesse zu verlieren. Es geht darum die entsprechenden Phasen jedes Kunden nachzuvollziehen und das Interesse in jeder Stufe des AIDA-Modells permanent zu steigern. Im besten Fall schließt der Kunde seine Kaufrecherche mit einem Kauf ab.

So können diese Phasen bzw. Stufen als Entwicklungen im Kaufprozess empfunden werden. Dabei wird der Kunde in der 1. Phase aufmerksam auf ein Thema und wird dann im weiteren Verlauf aktiv, wenn er ein Produkt kauft oder eine konkrete Anfrage stellt. In der Kommunikation eines Unternehmens können dann entsprechend nach Engagement des Users auch entsprechende Kommunikationsmittel eingesetzt werden und bis zum Kauf begleiten.

Zunächst muss also die Aufmerksamkeit geweckt werden. Interessierte Kunden werden in dieser Einstiegsphase zunächst einfach weiter informiert. Es dreht sich hier alles um die Vermittlung von Wissen.

Ohne Aufmerksamkeit kann der Kunde nicht zu Ihren Produkten gelangen. Hier gilt es verschiedene Wege zu gehen und mit Informationen und Problemlösungen auf den Kunden zu zukommen: Beispielhafte Maßnahmen in diesem Zusammenhang:

- ***SEO und Blogartikel, die die Reichweite Ihrer Produkte erhöhen***
- ***Zusätzliche Produktwerbung erhöht die Aufmerksamkeit bei Kunden***

Im weiteren Verlauf wird ein Verlangen erzeugt, das Produkt zu kaufen. Dies passiert meistens im Rahmen der Produktseiten. Instrumente sind in diesem Fall vor allen Dingen

- ***Produktbilder***
- ***Beschreibungen und Produktmerkmale***

In der letzten Phase befindet sich der Kunde in Kaufstimmung. Es sollten jetzt also keine unnötigen Kaufbarrieren in der Kaufabwicklung entstehen. Diese könnten zum Beispiel entstehen, wenn keine direkte Zahlungsabwicklung möglich ist. Der reibungslose Ablauf während des Einkaufs ist jetzt besonders wichtig – die folgenden Eigenschaften Ihres Onlineshops können vorteilhaft sein.

- Vereinfachte Zahlungsabwicklung mit vielen Zahlungsmöglichkeiten, wie Kreditkarte, Nachnahme, PayPal, etc.
- Schnellladende Warenkörbe
- Gute Übersicht der eingekauften Waren und direkte Bestätigungsmails
- Optimale Anfrageformulare bzw. zeitnahe Auftragsbestätigung oder Angebotsformulierungen

Diese Instrumente helfen, um grundsätzliche zahlungswillige Käufer zu binden und vor allen Dingen einen Kundenfluss aufzubauen. In den nun folgenden Punkten geht es um den nächsten Schritt - die Zielgruppenoptimierung. Daher sollten Sie generell interessant zu schätzen, welche Kunden mit hoher Wahrscheinlichkeit bei Ihnen einkaufen.

- ***Welche Kunden kaufen mit der höchsten Wahrscheinlichkeit bei Ihnen?***

Diese Frage ist gerade im Vertrieb und im direkten

Verkauf sehr wichtig. Denn Sie können Ihre Verkaufseffizienz nur steigern, wenn Sie Personen erreichen, die mit hoher Wahrscheinlichkeit bei Ihnen kaufen. Ansonsten konzentrieren Sie sich auf Personen, die zwar interessiert sind, aber aus verschiedenen Gründen nicht zum Kaufabschluss kommen. Welche Kommunikationsart sie wählen hängt auch von Ihrer Zielgruppe ab. Je nach Ansprache und gesellschaftlicher Stellung, sollten Sie sich jeweils für die passende Variante entscheiden.

- **Kommunikationsarten im Marketing und Verkaufsprozess**

Im E-Commerce werden verschiedene Kommunikationsarten von Unternehmen angewendet, um den Austausch von Informationen zwischen Unternehmen und Kunden zu ermöglichen. Einige der gängigen Kommunikationsmodelle im E-Commerce sind:

1. **One-Way-Kommunikation:** Bei diesem Modell erfolgt die Kommunikation in eine Richtung, meist vom Unternehmen zum Kunden. Beispiele hierfür sind Werbebotschaften, Newsletter und Produktbeschreibungen auf der Unternehmenswebsite.

2. **Two-Way-Kommunikation:** Hierbei findet ein gegenseitiger Austausch von Informationen zwischen Unternehmen und Kunden statt. Dies kann über verschiedene Kanäle wie E-Mail, Live-Chat, soziale Medien oder telefonischen Support erfolgen. Kunden können Fragen stellen, Feedback geben oder Probleme melden, während das Unternehmen auf diese Anliegen reagiert und Lösungen anbietet.

3. **Multikanal-Kommunikation:** Dieses Modell kombiniert verschiedene Kommunikationskanäle, um Kunden zu erreichen. Unternehmen nutzen beispielsweise E-Mail, soziale Medien,

Live-Chat und Telefon, um mit ihren Kunden in Kontakt zu treten und ihnen verschiedene Optionen zu bieten, je nachdem, welcher Kanal für den Kunden am bequemsten ist.

4. Self-Service-Kommunikation: Dieses Modell ermöglicht es Kunden, Informationen und Lösungen selbständig zu finden, ohne direkten Kontakt mit dem Unternehmen aufnehmen zu müssen. Kunden können beispielsweise FAQs auf der Website nachlesen, Foren oder Online-Communities nutzen, um Fragen zu stellen oder Produktrückmeldungen abzugeben.

5. Personalisierte Kommunikation: Unternehmen nutzen Daten und Informationen über den Kunden, um personalisierte Kommunikation und Angebote zu erstellen. Dies kann beispielsweise in Form von personalisierten E-Mails, Produktvorschlägen auf Basis des Kaufverhaltens oder individualisierten Werbeanzeigen erfolgen.

Diese Kommunikationsmodelle können je nach Unternehmensstrategie und Kundenbedürfnissen unterschiedlich kombiniert und angepasst werden. Ziel ist es, eine effektive Kommunikation mit den Kunden aufzubauen und ihr Einkaufserlebnis zu verbessern.

6.3 Case Study „Amazon Shopping": Vom Marktführer lernen

Amazon hat das Einkaufserlebnis optimiert und damit die Kundenzufriedenheit auf ein hohes Niveau gehoben. Andere Onlineshops haben große Probleme dieses Level zu erreichen. Dennoch können sich Einsteiger im E-Commerce an den Vorzügen orientieren und einige Pluspunkte im eigenen Angebot einbeziehen.

1. Breites Sortiment

Amazon bietet eine riesige Auswahl an Produkten aus verschiedenen Kategorien an, sodass Kunden fast alles finden können, was sie suchen. Andere Onlineshops werden nicht sofort mit einem breiten Sortiment starten können. Allerdings wird es immer wieder Gelegenheiten geben, Produkte zu ergänzen. Hier kommen sogenannte Substitutionsgüter oder Sublementärgüter in Fragen, die das bestehende Sortiment sinnvoll ergänzen und erweitern können.

Hier einige praktische Beispiele für Sublementärgüter:

- Filme und Popcorn im Kino
- Zahnbürsten und Zahnpasta
- Hardware und Software für Computer
- Rasierer und Rasiergel
- Kaffee und Kaffeefilter

2. Bequemes Einkaufserlebnis

Mit nur wenigen Klicks können Kunden bequem von zu Hause aus einkaufen. Amazon bietet zudem eine einfache Bestellabwicklung, schnelle Lieferung und eine benutzerfreundliche Website. Dieses Erlebnis macht Amazon zum beliebten Anbieter, der immer wieder für eine neue Bestellung in Frage kommt.
Auch andere Onlineshops können an der Bequemlichkeit arbeiten. Gerade wenn die Suche nach Produkten reibungslos verläuft, steigt auch die Kaufwahrscheinlichkeit.

- Große Auswahl: Amazon bietet eine riesige Auswahl an Produkten in nahezu allen Kategorien. Kunden haben die Möglichkeit, aus einer Vielzahl von Optionen zu wählen, was ihnen dabei hilft, genau das zu finden, was sie suchen.

- Bequeme Bestellung: Amazon bietet auch eine praktische One-Click-Bestellungsoption an, bei der die Zahlungs- und Lieferinformationen des Kunden gespeichert werden.
- Schnelle Lieferung: 1-3 Liefertage lassen Kunden nicht lange warten
- Kundenbewertungen anderer Kunden lassen ein präziseres Produktbild entstehen
- Klare Rückgaberichtlinien führen zu vereinfachten Retouren
- Personalisierte Empfehlungen für einfache Einkaufsentscheidungen

Diese Faktoren führen in der Summe zu einer hohen Kundenzufriedenheit.

3. Optimale Produktdarstellung

Amazon Produkte werden mit zahlreichen Bildern dargestellt. Zudem hat Amazon das Feature „Videovorstellung“ eingeführt.

Onlineshops können sehr detaillierte Produktvorstellungen nutzen und so Kunden ein sehr klares Produktbild vermitteln. Außerdem ergänzen Kundenrezensionen die umfangreichen Produktbeschreibungen, die meist mit Bulletpoints gestaltet werden. So, entsteht ein vielseitiges und präzises Produktbild.

4. Kundenservice

Amazon legt großen Wert auf Kundenzufriedenheit. Der Kundenservice ist gut erreichbar, Probleme werden schnell gelöst und Rücksendungen sind meist unkompliziert. Auch Onlineshop-Inhaber sollten sich hier an Amazon orientieren oder selbst die Lagerhaltung von Amazon in Anspruch nehmen. Denn die Abwicklung der Bestellungen ist ein wichtiges Element im E-Commerce. Kunden suchen Anbieter, die verlässlich Lieferungen zustellen, ohne für die Zustellung zu viel Zeit zu benötigen. Die Schnelligkeit und Verlässlichkeit sind für jeden Onlineanbieter enorm wichtig.

5. Wettbewerbsfähige Preise

Amazon bietet oft konkurrenzfähige Preise an und hat regelmäßige Rabattaktionen, was Kunden anzieht. Auch für E-Commerce Einsteiger ist es wichtig, wettbewerbsfähige Preise zu bieten, ohne auf Gewinne zu verzichten.

Dieses anspruchsvolle Ziel lässt sich allerdings nur realisieren, wenn die Produktqualität erhalten werden kann und die Kosten gleichzeitig mit den Einnahmen gedeckt werden können.

6. Prime-Mitgliedschaft – Wie Kundenmitgliedschaften zu besonderen Kundenvorteilen führen

Die Prime-Mitgliedschaft von Amazon bietet Kunden zusätzliche Vorteile wie schnelle Lieferung, kostenloses Streaming und exklusive Angebote, was viele Menschen dazu bringt, regelmäßig bei Amazon einzukaufen. Zudem nimmt Amazon über die Mitgliedschaftsmodelle Gebühren ein und kann somit zusätzliches Geld einnehmen.

Das Angebot von Kundenvorteilen ist eine gute Idee, die sich auch im eigenen Onlineshop anwenden lässt. Zum Beispiel lohnt es sich Rabatte einzuführen oder weitere Vergünstigungen, wenn Kunden regelmäßig kaufen.

7. Technologische Innovation

Amazon ist führend in technologischen Innovationen wie der

Nutzung von künstlicher Intelligenz (zum Beispiel bei seinem intelligenten Assistenten Alexa) und der Entwicklung von Logistiklösungen wie Drohnen für Lieferungen.

8. E-Commerce-Diversifikation

Amazon hat sein Geschäft von reiner E-Commerce-Plattform zu einem vielfältigen Unternehmen erweitert, das Cloud-Dienste, Streaming-Dienste, AI-Lösungen und vieles mehr anbietet. Zwar kann nicht jeder E-Commerce Anbieter zum „Tech-Konzern" wachsen, allerdings können auch Einsteiger im Onlinehandel moderne Technologie einsetzen und gewinnbringend nutzen. Dazu zählen moderne AI-Applikationen, AI Chatsysteme und vieles mehr.

9. Effektives Marketing

Amazon nutzt verschiedene Marketingstrategien wie personalisierte Empfehlungen, Kundendatenanalyse und Werbung, um Kunden anzusprechen und zum Kauf zu motivieren.
Amazon verwendet verschiedene Methoden, um personalisierte Empfehlungen zu erstellen. Diese Daten nutzen Amazon, um entsprechende Produkte anzubieten, die für den Kunden oder die Kundin ebenfalls kaufenswert sind. Damit steigt die Wahrscheinlichkeit, dass im Moment des Kaufinteresses, ein passendes Produkt gefunden werden kann.

Die folgenden 3 Analyse nutzt Amazon dabei sehr effektiv:

- Amazon analysiert das individuelle Käuferverhalten, wie Suchanfragen, Klicks, Produktbewertungen und Käufe. Basierend auf diesen Daten kann Amazon Kunden Produkte empfehlen, die sie wahrscheinlich interessieren.
- Amazon analysiert das Kaufverhalten ähnlicher Kunden und identifiziert Muster und Trends.

Basierend auf diesen vergleichenden Analysen kann Amazon ähnliche Produkte vorschlagen, die für den Kunden relevant sein könnten.

- Amazon analysiert die Beziehungen zwischen verschiedenen Produkten und kann so Vorlieben und Interessen des Kunden erkennen. Wenn ein Kunde zum Beispiel ein bestimmtes Buch kauft, könnte Amazon ähnliche Bücher aus demselben Genre empfehlen.

Neben der Datenanalyse des Käuferverhalten werden noch weitere Informationen genutzt, um die Kaufwahrscheinlichkeit zu erhöhen.

Dazu zählen auch demografische Informationen wie Alter, Geschlecht und Standort, um personalisierte Empfehlungen zu erstellen. Je nach Profil eines Kunden werden bestimmte Produkte bevorzugt vorgeschlagen. Abschließend nutzt Amazon Kundenbewertungen und -feedback, um Kunden vom Kauf zu überzeugen. Bewertungen von anderen Kunden spielen eine wichtige Rolle bei den personalisierten Empfehlungen von Amazon. Basierend auf dem Feedback anderer Kunden kann Amazon ähnliche oder ergänzende Produkte empfehlen.

Damit schafft es Amazon viel besser, den individuellen Geschmack und die Bedürfnisse der Kunden zu verstehen. Zudem wird so das Einkaufserlebnis für die Kunden komfortabler und effizienter. Wer im Onlinehandel bestehen will, sollte ebenfalls versuchen Upselling und Cross-Selling Angebote einzublenden, damit der Einkauf der eigenen Produkte wahrscheinlicher wird.

6.4 Erfolgreiche Kommunikation zur Kundengewinnung

Ohne eine Anwerbung wird jeder Produktverkauf allerdings

sehr schwierig. Im amerikanischen ist das Prospecting sehr populär und besonders beliebt. Viel häufiger werden Kundenprofile erstellt und Kunden gezielt angesprochen, wenn Sie bestimmte Eigenschaften aufweisen.

Daher sind verschiedene Werbemaßnahmen gerade am Anfang unabdingbar. Wir werden im Folgenden die großen Werbemöglichkeiten ansprechen. Es gibt auch noch zahlreiche andere Werbemöglichkeiten, diese würden allerdings den Rahmen dieser Veröffentlichung sprengen.

Prospecting (deutsch: Kundensuche) bezeichnet die systematische Suche nach Neukunden, die an einem Produkt oder einer Dienstleistung wahrscheinlich interessiert sind.[10] Daher ist sie sehr interessant und kann auf verschiedene Arten umgesetzt werden. Eigentlich ist der Begriff im europäischen kaum etabliert. Dennoch hat sich im amerikanischen der gesamte Salesbereich von Unternehmen diesem Kernthema gewidmet und fokussiert sich auf diesen Bereich. Im Folgenden werden einige Strategien des Prospecting aufgezeigt.

6.5 Die Rolle der Generationenzugehörigkeit und Konsumverhalten

Babyboomer

Die Babyboomer-Generation umfasst in der Regel Personen, die zwischen Mitte der 1940er und Mitte der 1960er Jahre geboren wurden. Hier sind einige Merkmale, die die Babyboomer kennzeichnen können:

1. Nachkriegsgeneration: Die Babyboomer wuchsen nach dem

Zweiten Weltkrieg in einer Zeit des Wirtschaftswachstums und des sozialen Wandels auf. Sie waren Zeugen des Wiederaufbaus und erlebten eine Zeit des Überflusses und Fortschritts.

2. Optimismus und Aufbruchsstimmung: Die Babyboomer-Generation war geprägt von einem starken Optimismus und dem Glauben an Fortschritt und positive Veränderung. Sie waren von politischen Bewegungen wie der Bürgerrechtsbewegung, der Friedensbewegung und der Feministischen Bewegung betroffen und traten aktiv für soziale Veränderungen ein.

3. Arbeitsethos und Karriereorientierung: Die Babyboomer sind dafür bekannt, hart zu arbeiten und hohe Ansprüche an sich selbst zu stellen. Die Karriere und beruflicher Erfolg hatten eine hohe Priorität und viele Mitglieder dieser Generation blieben über lange Zeiträume in einem Unternehmen.

4. Wert auf Bildung: Die Babyboomer-Generation legte großen Wert auf Bildung und viele von ihnen hatten die Möglichkeit, höhere Bildungsabschlüsse zu erlangen. Bildung war ein Symbol für Aufstiegsmöglichkeiten und soziale Mobilität.

5. Gesellschaftlicher Wandel: Die Babyboomer-Generation war Zeuge vieler bedeutender gesellschaftlicher Veränderungen, darunter die sexuelle Revolution, die Einführung der Antibabypille und den Aufstieg des Feminismus. Sie waren aktiv an der Gestaltung der Gesellschaft beteiligt und hatten einen großen Einfluss auf politische, soziale und kulturelle Entwicklungen.

6. Traditionsbewusstsein: Obwohl die Babyboomer eine Generation des Wandels waren, hatten sie auch eine gewisse Wertschätzung für Traditionen und familiäre Werte. Das traditionelle Familienmodell und religiöse Werte spielten oft eine wichtige Rolle.

Es ist wichtig zu beachten, dass dies allgemeine Merkmale

sind und nicht auf alle Mitglieder der Babyboomer-Generation zutreffen müssen. Es gibt immer individuelle Unterschiede innerhalb einer Generation.

Konsumverhalten der Babyboomer

Hier sind einige Merkmale, die das Konsumverhalten der Babyboomer prägen können:

1. **Markenloyalität:** Die Babyboomer sind oft markenloyal und haben möglicherweise starke Bindungen zu bekannten Marken, die sie bereits seit Jahren verwenden. Sie orientieren sich oft an Qualität und Verlässlichkeit bei der Kaufentscheidung.

2. **Budget:** Da viele Babyboomer bereits in einer Zeit des wirtschaftlichen Aufschwungs aufgewachsen sind, haben sie oft ein stabiles Einkommen und können mehr für Konsumausgaben ausgeben. Sie legen jedoch oft Wert auf gute Preisleistungsverhältnisse und sind weniger preisbewusst als andere Generationen.

3. **Gesundheit und Wohlbefinden:** Babyboomer setzen oft einen hohen Stellenwert auf Gesundheit und Wohlbefinden. Sie sind bereit, Geld für gesunde Lebensmittel, Fitness- und Wellnessprodukte sowie medizinische Behandlungen und Vorsorge auszugeben.

4. **Nachhaltigkeit:** Während die Präferenzen von Babyboomern in Bezug auf Nachhaltigkeit variieren können, sind viele von ihnen umweltbewusst und interessiert an umweltfreundlichen Produkten und Praktiken.

5. **Online-Shopping:** Obwohl Babyboomer oft als eine ältere Generation angesehen werden, sind viele von ihnen technologieaffin und nutzen das Internet für ihre Einkäufe. Sie sind jedoch möglicherweise etwas zurückhaltender bei der Nutzung von sozialen Medien und anderen neueren digitalen Plattformen.

6. **Reisen und Freizeitaktivitäten:** Babyboomer sind oft

aktiv und bereit, Geld für Reisen und Freizeitaktivitäten auszugeben. Sie genießen es, neue Orte zu erkunden, kulturelle Veranstaltungen zu besuchen oder ihrer Hobbys nachzugehen.

Es ist wichtig zu beachten, dass dies allgemeine Merkmale sind und nicht auf jeden einzelnen Babyboomer zutreffen müssen. Es gibt immer individuelle Unterschiede im Konsumverhalten innerhalb einer Generation.

Generation X

Die Generation X, auch als Gen X bezeichnet, umfasst in der Regel Personen, die in den Jahren zwischen Mitte der 1960er und Anfang der 1980er Jahre geboren wurden. Hier sind einige Merkmale, die die Generation X kennzeichnen können:

1. **Unabhängigkeit und Individualität:** Die Generation X wird oft als eigenständig und individualistisch beschrieben. Sie entwickelte sich in einer Zeit des wirtschaftlichen Wandels, sozialer Unruhen und familiären Umbruchs. Dies trug dazu bei, dass sie sich selbstsicher, unabhängig und anpassungsfähig entwickelte.

2. **Workaholic Mentalität:** Generation X war während einer Zeit des wirtschaftlichen Aufschwungs und der wachsenden Bedeutung von Karriere und Beruf tätig. Viele Mitglieder dieser Generation sind dafür bekannt, hart zu arbeiten und hohe Ansprüche an sich selbst zu stellen.

3. **Technologieadoption:** Obwohl Generation X nicht mit der gleichen technologischen Immersion wie die Millennials und Generation Z aufgewachsen ist, hat sie dennoch den Übergang in das digitale Zeitalter erlebt und sich den neuen Technologien angepasst.

4. **Familienorientierung:** Generation X wird oft als "Sandwich-Generation" bezeichnet, da sie oft zwischen der Betreuung ihrer eigenen Kinder und der Pflege ihrer alternden Eltern steht. Dies führte dazu, dass Generation X starke Werte in Bezug

auf Familie, Gemeinschaft und gegenseitige Unterstützung entwickelte.

5. Pragmatismus und Skepsis: Aufgrund der politischen, wirtschaftlichen und sozialen Umbrüche, die die Generation X erlebt hat, entwickelte sie oft eine pragmatische und skeptische Haltung gegenüber etablierten Systemen und Institutionen.

6. Work-Life-Balance: Im Gegensatz zu den Babyboomern ist Generation X dafür bekannt, Wert auf eine ausgewogene Work-Life-Balance zu legen und Karriere mit persönlichen Interessen und Freizeitaktivitäten in Einklang zu bringen.

Es ist wichtig zu beachten, dass dies allgemeine Merkmale sind und nicht auf alle Mitglieder der Generation X zutreffen müssen. Es gibt immer individuelle Unterschiede innerhalb einer Generation.

Konsumverhalten der Generation X:

Die Generation X wird oft als Generation der "Sparfüchse" beschrieben. Sie wurden von Rezessionen und wirtschaftlichen Unsicherheiten geprägt, was dazu führte, dass sie insgesamt vorsichtiger mit ihrem Geld umgingen. Sie neigten dazu, weniger risikofreudig zu sein und bevorzugten den pragmatischen und funktionalen Aspekt des Konsums.

Anders als die Babyboomer legt die Generation X oft weniger Wert auf Statussymbole und den Erwerb von Besitztümern. Sie sind eher darauf bedacht, kluge finanzielle Entscheidungen zu treffen und investieren ihr Geld oft in Dinge wie Immobilien oder die Ausbildung ihrer Kinder.

Die Generation X zeigt auch ein gesteigertes Interesse an Nachhaltigkeit und Umweltschutz. Sie sind oft bereit, für qualitativ hochwertige Produkte mehr zu bezahlen, die langlebig und umweltfreundlich sind.

Es ist wichtig zu beachten, dass dies allgemeine Merkmale sind und nicht auf alle Mitglieder der Generation X zutreffen müssen. Es gibt immer individuelle Unterschiede innerhalb einer Generation.

Millennials/Generation Y

Die Millennials, oder auch Generation Y, sind in etwa zwischen den frühen 1980er und späten 1990er Jahren geboren. Hier sind einige Merkmale, die die Generation Y kennzeichnen können:

1. **Technologieaffinität:** Ähnlich wie die Generation Z sind auch die Millennials mit dem Aufkommen des Internets, der sozialen Medien und der mobilen Technologie aufgewachsen. Sie sind mit diesen Technologien vertraut und nutzen sie oft intensiv.

2. **Arbeit/Life-Balance:** Millennials legen Wert auf eine ausgewogene Work-Life-Balance. Sie möchten nicht nur für ihre Arbeit leben, sondern auch genügend Zeit für ihre persönlichen Interessen und ihr soziales Leben haben.

3. **Karriere und Selbstverwirklichung:** Millennials sind bestrebt, sowohl in ihrer Karriere erfolgreich zu sein als auch persönliche Ziele zu erreichen und sich selbst zu verwirklichen. Sie suchen nach beruflicher Herausforderung und Möglichkeiten zur persönlichen Entwicklung.

4. **Vielfältigkeit:** Die Generation Y ist in einer Zeit wachsender multikultureller Gesellschaften aufgewachsen und schätzt die Vielfalt. Sie setzt sich für Inklusion und Diversität ein und legt Wert auf Gleichberechtigung und Respekt für alle Menschen.

5. **Flexibilität und Mobilität:** Millennials sind oft flexibel und mobil, was ihre Arbeit betrifft. Sie suchen nach Möglichkeiten, ihre Karriere voranzutreiben und sind bereit, dafür auch den Wohnort oder den Arbeitgeber zu wechseln.

6. **Nachhaltigkeit und Umweltschutz:** Die Millennials sind oft umweltbewusst und setzen sich für Nachhaltigkeit und Umweltschutz ein. Sie bevorzugen oft Unternehmen und Marken, die soziale und ökologische Verantwortung übernehmen.

Es ist wichtig zu beachten, dass dies allgemeine Merkmale sind und nicht auf alle Millennials zutreffen müssen. Es gibt immer individuelle Unterschiede innerhalb einer Generation.

3. Konsumverhalten der Millenials

Hier sind einige Merkmale, die das Konsumverhalten dieser Generation prägen können:

1. **Technologieaffinität:** Die Generation Y ist mit Technologie und dem Internet aufgewachsen. Sie sind mit Smartphones, sozialen Medien und Online-Shopping vertraut und nutzen diese Technologien intensiv für ihre Einkäufe.

2. **Wert auf Individualität:** Millennials legen oft Wert auf Individualität und möchten sich von anderen abheben. Sie bevorzugen einzigartige Produkte und Marken, die sie als Ausdruck ihrer Persönlichkeit betrachten.

3. **Nachhaltigkeit und soziales Engagement:** Die Generation Y zeigt ein gesteigertes Interesse an Nachhaltigkeit, Umweltschutz und sozialem Engagement. Sie bevorzugen Produkte und Marken, die diese Werte unterstützen und sind bereit, für nachhaltigere Optionen mehr zu bezahlen.

4. **Online-Shopping und E-Commerce:** Millennials bevorzugen oft das Online-Shopping und den Einkauf über das Internet. Sie schätzen die Bequemlichkeit, den Zugang zu einer größeren Auswahl an Produkten und die Möglichkeit, Preise und Bewertungen zu vergleichen.

5. **Erlebnisorientierung:** Die Generation Y legt mehr Wert auf Erlebnisse und Abenteuer als auf den Besitz von materiellen Gütern. Sie investieren gerne in Reisen, Veranstaltungen und Aktivitäten, die ihnen Spaß und neue Erfahrungen bieten.

6. **Authentizität und Transparenz:** Millennials tendieren dazu, authentische Marken zu bevorzugen und haben eine Abneigung gegenüber Irreführung oder versteckten Informationen. Sie schätzen Transparenz und Ehrlichkeit von Unternehmen.

Es ist wichtig zu beachten, dass dies allgemeine Merkmale

sind und nicht auf jeden einzelnen Vertreter der Generation Y zutreffen müssen. Es gibt immer individuelle Unterschiede im Konsumverhalten innerhalb einer Generation.

Generation Z

Die Generation Z umfasst Menschen, die ungefähr zwischen den späten 1990er und frühen 2010er Jahren geboren wurden. Hier sind einige Merkmale, die die Generation Z kennzeichnen können:

1. **Technologieaffinität:** Die Generation Z ist in einer Zeit des technologischen Fortschritts aufgewachsen. Sie sind mit dem Internet, sozialen Medien und mobiler Technologie aufgewachsen und kennen sich gut mit digitalen Geräten und Plattformen aus.

2. **Multitasking-Fähigkeit:** Die Generation Z ist es gewohnt, mehrere Aufgaben gleichzeitig zu erledigen. Sie können zwischen verschiedenen Medien und Plattformen wechseln und Informationen schnell verarbeiten.

3. **Wert auf soziale Gerechtigkeit:** Die Generation Z ist politisch und gesellschaftlich engagiert. Sie setzen sich für soziale Gerechtigkeit, Umweltschutz und andere wichtige Themen ein.

4. **Vielfältigkeit:** Die Generation Z ist in einer multikulturellen und vielfältigen Gesellschaft aufgewachsen. Sie legen Wert auf Inklusion und Diversität und schätzen die unterschiedlichen Hintergründe und Perspektiven anderer Menschen

5. **Individualität:** Die Generation Z strebt nach individueller Selbstentfaltung und Selbstverwirklichung. Sie suchen nach individuellen Karrieremöglichkeiten und Maßnahmen zur persönlichen Entwicklung.

6. **Kurze Aufmerksamkeitsspanne:** Aufgrund der Fülle an Informationen und der schnellen Verfügbarkeit von Inhalten haben Mitglieder der Generation Z oft eine kürzere Aufmerksamkeitsspanne und erwarten, dass Informationen

schnell und prägnant präsentiert werden.

Diese sind allgemeine Merkmale, die für die Generation Z gelten können. Es ist jedoch wichtig zu beachten, dass nicht alle Mitglieder der Generation Z identisch sind und individuelle Unterschiede vorhanden sein können.

Konsumverhalten Generation Z

Hier sind einige Merkmale, die das Konsumverhalten dieser Generation prägen können:

1. **Technologie-Natives:** Die Generation Z ist in einer Zeit des technologischen Wandels aufgewachsen und ist noch technologieaffiner als ihre Vorgänger. Sie sind mit Smartphones, sozialen Medien und verschiedenen Online-Plattformen wie YouTube und TikTok tief verwurzelt.
2. **Multitasking und schnelle Entscheidungen**: Aufgrund einer ständig wachsenden Informationsflut sind Mitglieder der Generation Z an schnelles Multitasking und eine schnelle Entscheidungsfindung gewöhnt. Sie treffen oft schnelle Kaufentscheidungen, nachdem sie über verschiedene digitale Kanäle Informationen gesammelt haben.
3. **Preisbewusstsein:** Da die Generation Z in einer Zeit wirtschaftlicher Unsicherheit aufgewachsen ist, sind sie oft preisbewusst und interessiert an Angeboten und Rabatten. Sie sind eher bereit, nach günstigen Optionen zu suchen und Produkte zu vergleichen.
4. **Individualismus:** Ähnlich wie die Millennials legt auch die Generation Z Wert auf Individualität und Selbstausdruck. Sie bevorzugen einzigartige und personalisierte Produkte und Marken, die ihre Persönlichkeit und Interessen widerspiegeln.
5. **Nachhaltigkeit und Aktivismus:** Die Generation Z zeigt ein erhöhtes Interesse an Nachhaltigkeit, Umweltschutz und sozialem Aktivismus. Sie bevorzugen Marken, die umweltfreundlich sind und soziale Verantwortung zeigen.

6. Erlebnisorientierung: Die Generation Z schätzt Erlebnisse und ist bereit, Geld für einzigartige Aktivitäten und Reisen auszugeben. Sie sind oft daran interessiert, neue Erfahrungen zu machen und aktiv in sozialen Medien zu teilen.

Es ist wichtig zu beachten, dass dies allgemeine Merkmale sind und nicht auf jeden einzelnen Vertreter der Generation Z zutreffen müssen. Es gibt immer individuelle Unterschiede im Konsumverhalten innerhalb einer Generation. Dennoch lassen sich bestimmte Merkmale in manchen Generationen öfter feststellen. Diese Anhäufungen können für Unternehmen als Hilfe dienen, um Kundenverhalten besser prognostizieren zu können.

6.6 Online-Werbung Erfolgsfaktor, aber auch Budgetkiller

Facebook Werbung zeichnet sich durch einige besondere Merkmale aus und hat daher zahlreiche Vorteile für die Bewerbung von Produkten. Facebook Werbung bietet die Möglichkeit Gruppenmitglieder sehr genau anzusprechen, die zum Beispiel ein spezielles Interesse haben oder einem bestimmten Beruf angehören. [11]

Facebook Werbung hat daher zahlreiche Vorteile für die Bewerbung von Produkten. Eine Zielgruppensegmentierung kann im Vorfeld sehr genau erfolgen. Interessen, Verhalten und auch die Demographie der potentiellen Kunden kann vor der Einspielung einer Werbung exakt bestimmt werden.

Während Google die Kunden im richtigen Moment abfängt, kann Facebook einen anderen Vorteil ins Feld führen. Die Zielgruppengenauigkeit, wenn Interessen und Eigenschaften der User genau gefiltert werden können. Facebook schafft es maßgeschneiderte Personenprofile zu erstellen, die irgendwann genau mit dem Idealkunden übereinstimmen.

Somit wird der Personenkreis, der ein potenzielles Interesse an bestimmten Produkten hat, schnell eingekreist werden. Dennoch sind diese Personen nicht aktiv in einer Produktsuche. Daher sollten die Nutzer im Text der Anzeige auch mit Argumenten überzeugt werden.

Es gilt also noch aktiver, eine Conversion anzuregen. Das gelingt nur, wenn die Nutzer im Kontext angesprochen werden und das Angebot die Erwartungen so stark erhöht, dass die

Angebote als reizvoll eingestuft werden. Wenn der Kunde dann überzeugt ist, kauft er vielleicht auch in diesem Moment. Anders als bei der Google Werbung muss der Kunde bei Facebook noch in eine Kaufstimmung gebracht werden. Denn auch wenn ein Interesse am Produkt besteht, das wird anhand einer Gruppenzugehörigkeit deutlich, bleibt eben unklar, ob ein direktes Interesse an einem Produkt entfacht werden kann.

Facebook Werbung kann sehr hohe Reichweiten erzielen. Dazu ist es allerdings wichtig das Werbebudget nicht zu groß werden zu lassen und entsprechend gute Anzeigen zu gestalten. Bei der Gestaltung können einige Tipps hilfreich sein. Sehr anziehend wirken zum Beispiel hochaufgelöste Bilder mit Detailaufnahmen. Kunden freuen sich von einem guten Bild und klicken sehr schnell auf das Angebot.

Im Anschluss sind Sie direkt auf der Produktseite und sollten mit weiteren Informationen versorgt werden. eine schöne Zoomaufnahme kann zum Beispiel schon der Anlass für einen Klick sein. Wer zum Beispiel im Segment Fashion verkauft sollte gerade Produktdetails auch bei der Werbung nicht unterschätzen.

Die Zielgruppenbestimmung kann auf Facebook sehr detailliert eingestellt werden. Dazu bietet Facebook zahlreiche Kategorien an. So können sowohl demographische Daten, aber auch Interessen, Beruf und andere Einstellungen zur Schärfung der Zielgruppe eingestellt werden. Damit bietet Facebook einen großen Vorteil. Gleichzeitig kann der Werbeeffekt und die Werbewirksamkeit nur schwer abgeschätzt werden.

Die Möglichkeiten sind aber bemerkenswert: Besonders wichtig ist in diesem Bereich die Auswahl von Interessen. Nutzen Sie Zielgruppen die besonders passende Interessen haben. Im Nachgang sollten Sie zudem das Segment interagierende Käufer wählen. Denn was nutzt Ihnen ein potentieller Kunde, der nicht kaufen will und dies auch in der Vergangenheit nicht getan hat.

Facebook Werbung kann mit einigen Optimierungsschritten sehr günstig werden. Stellenweise kann der Klickpreis bis auf wenige cent reduziert werden. Eine Standardwerbung auf eine Website kostet bei Facebook zwischen 10-30 cent. Auch diese Preisstruktur ist günstig im Vergleich zu einigen Google Ads Keyword Preisen. Es ist allerdings schwer zu sagen, ob und wann Werbung günstig ist.

Schließlich bestimmt der ROI die Wirkung der Werbung. Wenn mit Google Werbung höhere Umsätze erzielt werden, dann können auch ein paar cent mehr eine gute Wahl sein. In Zukunft gilt es daher zu prüfen welche Angebote den besten Erfolg für Ihre Produkte versprechen. Ein Allgemeingültiges Rezept gibt es nicht. Auch Experten sind hier auf Tests angewiesen.

- Facebook Werbung erreicht Zielgruppen direkt
- Eine hohe Conversion kann im Ziel besser entstehen, wenn Interessen gute abgeglichen werden
- Facebook Werbung kostet pro Klick nur wenige ct
- Facebook Werbung sollte Produkte enthalten, die sehr genau und gut abgebildet werden – Verwendung von Detailaufnahmen
- Facebook Werbung hat sehr hohe CTR Werte im Vergleich

Im Vergleich dazu sind Google Ads eine weitere Standardvariante der Internetwerbung. Google Werbung wird dabei individuell an Keywords gekoppelt. Wer also seine Produkte relativ genau beschreiben kann, hat die Möglichkeit, die Suche im Internet individuell mit den eigenen Angeboten zu verknüpfen. Und dann sind die eigenen Produkte ganz oben zu finden. Der Paid Traffic kann also eine sehr interessierte Zielgruppe direkt auf die Landingpage locken, wo das Produkt aktiv beworben wird.

Google Werbung kann optimal auf Zielgruppen ausgerichtet

werden. Entscheide selbst welche Keywords verwendet werden sollen, wann Deine Werbung ausgestrahlt wird und welches Budget verwendet wird. So kannst Du Tag für Tag deine Ausgaben im Blick behalten und stetig die Aufmerksamkeit Deiner Kunden gewinnen.

Wer seine Keywords optimal einstellt erwischt vor allen Dingen Kunden, die gerade im Begriff sind einzukaufen. Dabei sollte aber auch auf den Preis geachtet werden. Es gibt auch teure Keywords. Auch der Qualitätsfaktor spielt bei den Kosten eine wichtige Rolle.[12]

Zudem kann das Einfügen von auszuschließenden Keywords eine wichtige Rolle spielen.[13] Zudem ist es wichtig in der Beschreibung Anreize und Hinweise einzubauen.[14]
Wer zum Beispiel in die Google Suche eingibt "Sandalen günstig kaufen", spielt offensichtlich mit dem Gedanken Sandalen einzukaufen. Wenn dann ein überzeugendes Angebot eingespielt wird, kann es schnell zu einem Kauf kommen.

Gerade wenn Kunden entscheidungsfreudig sind, steigt die Kaufwahrscheinlichkeit drastisch an. Google bietet hier gegenüber vielen anderen Anbietern den Vorteil im Moment des Kaufgedanken und der Produktsuche direkt beim Kunden zu sein. Die Werbung wird sofort ausgeliefert und der Kunde stößt auf das Produktangebot.

So werden die Wege bis zum Produkt kurz und die Kaufwahrscheinlichkeit erhöht sich. Mit einem Klick gelangt der Kunde vielleicht schon direkt auf der Verkaufsseite. Auch wenn sich der Kunde erst später entscheidet zu kaufen, das Angebot ist jetzt schon mal präsent und die Aufmerksamkeit ist vorhanden.

Der Kunde kann also entweder sofort kaufen oder zu einem späteren Zeitpunkt zurückkommen. Nicht zuletzt deswegen hat Google seine Werbe- und Marketingbemühungen unter dem Oberbegriff „Google Moments“ subsumiert. Dabei unterscheidet die Suchmaschine verschiedene Gründe für eine Suche. Diese Momente[15] werden als „Want-to-Know“, “Want-to-Buy”, “Want-to-Go”, etc. beschrieben. Gerade für Suchvorgänge, die mit einem „Want-to-buy“ Moment verbunden sind, werden auch hohe Verkaufsraten einhergehen.

Die Google Moments sind also für die entsprechende Suchintention sprichwörtlich die passende Umschreibung. Kein soziales Netzwerk kann diesen Moment so exakt „abfangen“. Außerdem sind Leute in sozialen Netzwerken nicht unterwegs, um einzukaufen. Hier steht eher die Interaktion im Vordergrund. Google Werbung hat hier also einen fundamentalen Vorteil, der die Werbung auch in Zukunft sehr reizvoll macht.

Welche Werbeform tatsächlich wirkungsvoller ist, wird sich mit der Zeit zeigen. Werbung ohne gesteigerte Verkaufszahlen ist sicherlich „witzlos“. Daher sollte nach einiger Zeit ein Vergleich aufgestellt werden, der die Kosten nüchtern abwägt. So oder so sind beide Angebote sehr reizvoll und können vielleicht in Kombination besonders wirkungsvoll sein. Wer mehr Sichtbarkeit gerade bei produktrelevanten Keywords erreichen will, kann mit der Google Ads Werbung große Vorteile erzielen. Zum einen ist die Aufmerksamkeit sicher - zum anderen können deutlich mehr Verkäufe erzielt werden, wenn Werbung geschaltet wird.

Gerade bei Werbung spielt auch die Dauer der Werbeausstrahlung eine entscheidende Rolle. Es gibt einen deutlichen Hinweis, dass an bestimmten Tagen[16] in der Woche mehr Käufe getätigt werden. So sind der Montag und der Sonntag besonders wichtig. Auch die Tageszeit sollte beachtet werden. Meistens shoppen die Käufer am Abend und wenn genug Freizeit vorhanden ist. Logisch, aber durchaus wichtig, wenn Werbung nicht umsonst geschaltet werden soll. Es lohnt sich also nicht unbedingt Werbung zu schalten, wenn Kunden sowieso nicht an bestimmten Tagen kaufen.

KAPITEL 7: AI-CONTENT MARKETING IM E-COMMERCE

SEO-Website-Traffic (Websitebesucher aus Suchmaschinenanfragen) ist gerade für langfristig angelegte Onlineshops Gold wert. Wer sich im Onlinebereich einen Namen machen will, sollte auch in speziellen Themen eine gewisse Autorität ausstrahlen.

Gelingt dies, ist SEO nach 6-12 Monaten eine große Hilfe, um neue Kunden gewinnen zu können.

Gute Suchmaschinenoptimierung kann die Website Besucherzahlen deutlich erhöhen. Mit jedem neuen User steigt dann natürlich auch die Umsatzchance an.

Und wenn Ihre Verkaufsseiten dann noch optimiert sind, haben Sie auch in Zukunft bessere Chancen. Online Marketing ist kein vorübergehendes Phänomen, sondern hat bereits in den letzten Jahren stark zugenommen. Daher sollten Sie Ihre Anstrengungen auch in den nächsten Wochen und Monaten auf Online Marketing Maßnahmen fokussieren.

7.1 Content Marketing

Wer auf Website-Traffic setzt, sollte den eigenen Content stets aktuell aufstellen und nach Suchmaschinen Updates Ausschau halten. Die aktuellen Updates haben zahlreichen Unternehmen und Webmaster stark zu schaffen gemacht.

Denn die Algorithmen wurden mitunter deutlich verändert. Google baut jüngst (März 2024) auf ein komplett neues Rankingsystem, das vor allem Content anzieht, der für Menschen gemacht ist.

Das heißt die Inhalte sollen möglichst nicht nur für Suchmaschinen optimiert sein, sondern tatsächlich für den Leser hilfreich sein. Diese Veränderung zieht nach sich, dass der Content auf jeden Fall einen Mehrwert bieten sollte.
Dennoch ist eine gute Content-Strategie wichtig und hilfreich, denn erstellte Websites, Blogbeiträge und Produkte in Onlineshops, haben die Möglichkeit, in Suchmaschinen zu erreichen. Im Gegensatz zur Online-Werbung sind diese Einträge dann im weiteren Verlauf kostenlos.

Um heute und in Zukunft Erfolg in Suchmaschinen zu haben, sind allerdings fundiert Kenntnisse erforderlich, die auch regelmäßig aktualisiert werden sollten. Google Algorithmus haben sich schon in Vergangenheit als sehr einschneidend erwiesen. Zahlreiche Unternehmen mussten Sichtbarkeit im Onlinehandel einbüßen, die über gute Suchmaschinen Rankings entstanden war. Die Gründe dafür können inidviduell sehr unterschiedlich sein.[17]

Dementsprechend straft Google besonders Websites ab, die sich als „Spam" deklarieren lassen und wenig hilfreiche bzw. aktuelle Inhalte liefern. Noch mehr als zuvor wird Duplicate Content und nicht eigenständig erstellte Beiträge schlechter gerankt als wertvolle Beiträge. Die allgemeinen Grundsätze der Updates sind bestehen geblieben. Google fordert weiter die E-E(xpertise)-A(uthority)-T(rust) Merkmale ein.

Mit dieser Kenntnis wird schnell klar, dass Beiträge bestimmte Merkmale mitbringen sollten, damit ein besseres Ranking erscheinen kann.

Viele Angaben ändern sich im Laufe der Zeit und nichts langweilt Leser mehr als veraltete Informationen. Wer also einen Blog oder Seite betreut sollte sich um eine gewisse Aktualität kümmern und auch um Korrektheit der Angaben bemüht sein. Natürlich kann nicht jedes Detail immer sofort aufgefrischt werden. Dennoch sollte der breite Informationsstamm richtig und aktuell sein.
SEO funktioniert nur wenn viele Faktoren zusammenspielen und diese in die eigene Arbeit miteinfließen.

Dazu ist es enorm wichtig entsprechende Taktiken und Maßnahmen einzusetzen. Auf der Website, auf der Sie ein Produkt präsentieren sollten vor allen Dingen Keyworddichte, Überschriften, Listeneinträge und Medien mit den Keywords versehen werden. Wenn dann die Länge der Texte bei 800 - 1000 Wörtern liegen haben Sie eine gute Chance auf eine gute Indexierung. Das ist allerdings noch nicht eine Garantie für Traffic. Langfristige Besucherströme entstehen erst, wenn mehrere Bedingungen erfüllt sind und das Interesse des Lesers voll und ganz geweckt wird.

7.2 „Video is King"

Früher lautet der Schlagruf im Online Marketing: „Content is King". Auch heute bleibt die Anwerbung von Neukunden oft von guten Inhalten abhängig. Vielmehr spielt heute aber eine weitere Komponente eine große Rolle.

Kunden benötigen möglichst lebendige Eindrücke vom Angebot bevor Sie das notwendige Vertrauen für einen Produktkauf

aufbringen können. Mit Videos kann diese Vertrauensbarriere gelöst werden. Denn Videos können zum Beispiel Produktdetails besser präsentieren, Argumente in Bild und Ton erläutern und zudem eine Story zum Produkt erschaffen.
Das belegt auch die Statistik. In Zahlen lässt sich belegen, dass die Kaufbereitschaft von Kunden um 85% steigt, nachdem sie ein Video über ein Produkt oder eine Dienstleistung gesehen haben.[18] Damit wird deutlich, dass Produktvideos eine wichtige Rolle im Verlauf der Kundenakquise spielen. Sie ersetzen zu einem Teil den physischen Einkauf im Geschäft und sorgen für ein besseres Einkaufserlebnis.
Gerade wer bei der Vermarktung der eigenen Produkte Probleme hat, sollte mit hochwertigen und überzeugenden Videos die Qualität der eigenen Angebote unterstreichen.
Wer als Influencer aktiv kennt vielleicht schon die magische Wirkung von Videos und Produktwerbung. Bei Produktvideos sollte allerdings auf die Qualität geachtet werden, damit die Vorzüge des Angebots zu 100% beim Kunden ankommen.

7.3 Die Landingpage

Wie jedes Business fängt jeder erstmal klein an. Am Anfang wird es nur wenigen Kunden geben und auch nur wenige Kontakte, die sich direkt für das Angebot interessieren. Daher sollte zunächst ein klarer Eindruck einer Kundengewinnungsstrategie vorliegen.

- Wie gewinne ich Leads?
- Wie kann ich meine Bemühungen der Kundengewinnung intensivieren?

Im Normal können Formulare dazu dienen neue Kontakte zu gewinnen. Aber auch Offline-Events sind eine wunderbare Möglichkeit zur Vernetzung. Dann können tatsächlich Adressen gesammelt werden, die eine hohe Relevanz für das eigene Business haben.

Wie die Leads dazu bewegt werden können, die Landingpage nicht nur zu besuchen, sondern auch seine E-Mail zu hinterlegen, kann im Einzelfall sehr unterschiedlich sein. Referenzen sind in jedem Fall ein Mittel, das Vertrauen aufbaut. Wenn Sie also schon Kunden und Fürsprecher haben, können die Einschätzungen sehr überzeugend sein. Eine Landingpage sollte auf jeden Fall einfach und inspirierend sein. Wenn Sie den Kunden neugierig machen können und der Mehrwert Ihrer Angebote vielleicht schon angedeutet wird, werden Sie schon bald mehr Kunden dazu gewinnen können. Entscheidend sind zusammengefasst folgende Punkte:

- Gute „Call-to-Action“ Buttons
- Kontaktformulare, die leicht zu bedienen sind
- Gute SEO-Optimierung für mehr Seitenaufrufe
- Werbung die direkt auf die Landingpage verweist

Die Formulare, die auf das Eintragen in einen Newsletter hinweisen können an vielen wirkungsvollen Stellen erfolgen. Dazu zählt auch die Sidebar, und das Ende eines Blogposts.[19]

7.4 Social Media Gruppen

Facebook Gruppen haben in den letzten Jahren einen absoluten Hype erlebt. Facebook bietet fast jeder Interessengruppe ob Freizeit, Kultur, Politik, etc die Möglichkeit des intensiven Austausches. Ein weiterer Vorzug von Facebook – die hohen Engagement Raten.

Gruppenmitglieder schreiben Beiträge, posten Bilder und Videos und sorgen so für den stelleweise hohen Gesamtnutzen der Gruppen. Für die Kundengewinnung können auch Unternehmer diese Gruppen nutzen -solange Sie sich an die Regeln der Administratoren halten. Es geht also um die optimale Nutzung der produktrelevanten Gruppen für das eigene Unternehmen: Hier zwei Möglichkeiten:

Die Gründung einer eigenen produktrelevanten Gruppe hat zahlreiche Vorteile. Als Administrator können Sie auf Facebook Inhalte selbst auswählen und können diese auch freigeben. Somit haben Sie die inhaltliche Selbstbestimmung, welches Thema Sie bearbeiten wollen.

Gerade wenn Sie sich erhoffen einen gewissen Werbeeffekt zu erzielen ist diese Möglichkeit einen Versuch wert. Die Vorteile auf einen Blick:

- *Hoher **thematischer Bezug***
- *Keine Einschränkungen bei Produktposts*
- *Möglichkeit von **Produktposts** und direkten Werbehinweisen*
- ***Direkte Einladung** von Interessenten möglich*

Hier ergeben sie einige Vorteile, die sofort deutlich werden. Sie erhalten sofort eine sehr hohe Reichweite. Stellenweise verfügen Facebook Gruppen über eine enorm hohe Reichweite. Die größten Gruppen haben mehr als 500.000 Mitglieder. Somit besteht die Möglichkeit eine hohe Reichweite zu erzielen. Dennoch werden Sie in diesen Gruppen nicht unbegrenzt und unbeschränkt werben können. Meist werden Werbeposts sofort geblockt. Hier gilt es also eher auf thematische Aspekte hinzuweisen und eher hauseigene Informationen zu promoten. Die Vorteile und Nachteile auf einen Blick:

- ***Hohe Reichweite** – mehr als **500.000 Gruppenmitglieder***
- *Hoher **thematischer Bezug** – Gruppenthemen haben direkten Bezug zu Ihren Produkten, Themen*
- ***Keine Kosten** für Posts, etc.*

Auch Gewinnspiele können diesen Effekt erreichen. Hier ist man aber auch immer auf die Aktivität und Bereitschaft der Teilnehmer angewiesen. Wer also Leute mitreißen und aktivieren kann, wird schon bald Interessenten anwärmen können. Sie überlegen sich einfach eine Gewinnspielmöglichkeit aus und verlosen einfach einige Gegenstände. Damit werden Sie schon bald neue Adressen gewinnen können. Diese Methode kann gerade auch Ihr Wachstum auf Social Media beflügeln. Nutzen sie einfach diese Möglichkeit, um mehr Reichweite für Ihre Tweets und Posts zu bekommen.

Freebies eignen sich ideal, um neue Kontakte zur Angabe der E-Mail Adresse zu bewegen.[20] Während die Aufforderungen zu einem Newsletter-Abo eher schwerfällig verläuft, sind Freebies ein guter Anreiz. Schon bald werden sich Nutzer für Ihre Inhalte interessieren. Mit jedem neuen Nutzer wächst dann eine E-Mail Liste die Sie regelmäßig anschreiben können.

Zudem enthält diese Liste Personen, die für einen Kauf Ihrer Produkte besonders in Frage kommt. Achten Sie darauf, dass Sie kein Monsterprodukt verschenken. Denn dann ist der Anreiz wiederum nicht vorhanden, seine E-Mail Adresse wegzugeben.

Bleiben Sie also am Ball und bieten Sie ein Produkt an, das Ihre Kunden neugierig macht. Vielleicht können Sie dann schon bald einen Neukunden gewinnen. Zudem steigern Sie so die Möglichkeit Ihre E-Mail Liste langsam aufzubauen.

Auch kann es sehr gewinnbringend sein Gratisprodukte wie zum Beispiel

- ***PDF-Dateien, Word-Dokumente***
- ***Software-Tools***
- ***Checklisten, Anleitungen***
- ***Slideshows, PowerPoint-Präsentationen***

anzubieten. Diese können bei einige Dienstleistern sogar angeboten werden. So zum Beispiel **Doktus** oder **scribd**. Sie können sich zum einen auf diesen Portalen präsentieren und steigern damit Ihre Reichweite. Zum anderen können Sie Ihr Produkt präsentieren. Vielleicht gewinnen Sie schon mit Ihrem Gratisprodukt neue Interessenten, die sich bei Ihnen melden. Besonders bewährt haben sich in diesem Kontext „Checklisten“ und kostenlose E-Books.

7.5 Keywords

Keywords sind in vielerlei Hinsicht wichtig für eine Website. Zum einen benötigt eine Website gute Keywords, damit auch wirklich viele Leser gewonnen werden können. Zudem müssen aber auch technisch die richtigen Keywords gewählt werden. Hier gilt es Keywords zu wählen die nicht nur viele Impressionen aufgrund einer guten Position gewinnen, sondern tatsächlich auch angeklickt werden. Klicks sind wiederum von vielen Faktoren abhängig, die mit Erfahrung erkannt werden können. Es gilt also Keywords zu finden, die eine möglichst hohe Conversion bieten.

Dieser Aspekt wird von Website zu Website unterschiedlich sein. Verschiedene Themen werden aber auch immer Keywords enthalten, die eher geklickt werden. Diese gilt es mit der Zeit zu finden und anschließend das entsprechende Programm darauf auszurichten. Der Erfolg der Website wird dann mit der Zeit wahrscheinlicher. Keywords sind also die erste Quelle für einen intensiven Traffic.

Denn es liegt auch teilweise an den Keywords, ob ein Beitrag angeklickt wird oder nicht. Die CTR bleibt auch in Zukunft der entscheidende Faktor bei der Verwendung von Keywords. Denn es müssen entsprechende Reize beim Leser angesprochen werden, damit es zum Aufruf eines Beitrages kommt. Einen wesentlichen Beitrag dazu liefert eben auch das jeweilige Keyword. Es gibt einfach Keywords, die auch mit zahlreichen Impressionen kaum einen Klick generieren können.

Und das liegt dann nicht an einer fehlerhaften Optimierung, sondern schlichtweg an der Keyword eigenen CTR. Und die ist eben bei manchen Keywords höher und bei manchen niedriger. Daher ist es unerlässlich Erfahrungen zu Keywords auch sinnvoll zu nutzen.[21] Ebenfalls kann es sinnvoll Sonderzeichen in der Beschreibung zu verwenden. Denn viele Nutzer werden so auch durch zusätzliche Anpassungen auf Ihr Ergebnis aufmerksam.

Gerade wer Antworten gibt und sehr gute Überschriften verfasst, kann bald mit mehr Klicks rechnen.[22] Besonders effektiv könne gerade bei Websites aber auch Sitelinks sein. Die Erweiterungen mit zusätzlichen Kontaktangeboten oder ähnlichem können einen Klickanreiz darstellen.[23]

- **Faktoren guter Keywords – der Wettbewerb**

Eine weitere enorm wichtige Komponente bei den Keywords ist der Wettbewerb. Je umkämpfter ein Keyword ist, desto schwieriger wird letztendlich das Erreichen einer guten Rankingposition. Gerade kleine Blogs können davon ein Lied singen. Wer kurzfristig gute Klickraten und Traffic haben will, sollte daher auf die richtigen Keywords und auch mal auf Longtail-Strategien setzen.

Dann wird eine höhere Position und ein Eintrag auf der ersten Seite schon mal deutlich wahrscheinlicher. Aber dieser Erfolg setzt auch nur ein, wenn die eigenen Inhalte tatsächlich sorgfältig erarbeitet worden sind. Ein richtiger Erfolg entsteht erst, wenn die Leser tatsächlich zufrieden.

7.6 Backlink-Aufbau zur Suchmaschinenoptimierung

Verlinkungen sind mit ca. 15% fester Bestandteil im Google Algorithmus. Daher sollten Aktivitäten in diese Richtung in jedem Fall forciert werden. Hier handelt es sich zum einen um interne Verlinkungen und zum anderen um externe Verlinkungen von anderen Anbietern auf die eigenen Angebote.

Während interne Verlinkungen relativ einfach erstellt werden können, benötigen externe Links vermehrter Aufmerksamkeit. Zudem können externe Verlinkungen sehr kostspielig werden, wenn Sie eingekauft werden müssen.

Daher sollte hier überlegt werden, wer vielleicht im eigenen Interesse Verlinkungen leisten kann. Verlinkungen können natürlich auch gekauft werden. Meist ist der Kauf aber sehr kostspielig. Links werden nicht unter 30€ angeboten. Hochwertige Links kosten sogar eher 60-70€. Jeder Link ist also im Allgemeinen Gold wert. Wo immer sich die Gelegenheit bietet kostenlos zu verlinken, sollte die Gelegenheit also auch genutzt werden.
Denn interne Links haben zunehmend an Bedeutung verloren.[24] Hingegen ist der Einsatz von passenden Gastartikeln ein wertvolles Instrument geworden. Hier lohnt sich der Einsatz also in jedem Fall. Auch ist die jeweilige Domain Authority wichtiger geworden (DA).[25] Nur wenn eine

Homepage tatsächlich auch sehr bekannt ist, wird der Link auch für einen besseren PageRank sorgen können. Weitere Qualitätsmerkmale sind User Engagement und die individuelle Linkeigenschaften.

Die Analyse des Traffics ist eine zentrale und wichtige Aufgabe im SEO-Marketing. Damit Sie nicht nur Besucher bekommen, sondern tatsächlich Interessenten, ist die Eigenschaft des Traffics besonders wichtig. Denn interessierte Besucher bleiben natürlich auch länger auf der Website und kaufen vielleicht sogar eher Ihre Produkte. Es kommt also auch drauf an, welchen Traffic Deine Website anzieht. Hier gibt es in Google Analytics wichtige Ansatzpunkte, um entsprechende Quellen zu finden und auszubauen.

7.7 AI-Content Erstellung in der Praxis mit Canva

Der Hype um AI-Tools bringt allerdings dem eigenen E-Commerce Business nichts, wenn entsprechende AI-Tools nicht auch in der Praxis wirkungsvoll eingesetzt werden.

Mit Canva lässt sich AI-Marketing auch in der Praxis durchführen, so dass die eigene Produktivität deutlich gesteigert werden kann. Wer sonst Probleme hat, ausreichend Medien zu produzieren, kann mit Text- und Bildgeneratoren in Canva deutliche Fortschritte machen.

Canva erlaubt im Bereich Magic Media die Erzeugung von textbeschriebenen Bildern und Videos. So können Produktbilder, aber auch Werbevideos für Social Media Plattformen in Sekunden produziert werden. Die beschleunigte Erstellung kann für deutliche Reichweitensteigerungen genutzt werden.

Eröffne dazu zunächst ein Benutzerkonto bei Canva. Auch in der kostenlosen Version steht die „AI-Content“ Bearbeitung zur Verfügung. Für die Nutzung einfach links runterscrollen und den Reiter „Magic Media“ wählen. Es besteht die Möglichkeit Bilder, Grafiken und Videos erzeugen zu lassen.

7.8 Die Bedeutung von Google Algorithmus Updates im E-Commerce

Suchmaschinen haben nicht nur Updates vollzogen, sondern sind mehr und mehr in einem neuen Wettbewerb. Google hat zwar immer noch die klare Marktführerschaft, dennoch bauen sich am Rand kleine Wettbewerber auf, die ebenfalls einige Krümel des Gesamtkuchens abbekommen. So haben Suchmaschinen wie Yahoo und Bing Markteinteile im niedrigen einstelligen Bereich steigern sich aber immer weiter.

Als Marktführer mit mehr als 80% des Suchvolumens bestimmt Google den Suchmaschinenmarkt auch noch im Jahr 2024. Der Suchmaschinenalgorithmus wurde aber in den vergangenen Jahren immer wieder angepasst, damit die Qualität der Suchergebnisse möglichst erhalten werden konnte. Im Folgenden stellen wir einige Updates vor, um die Änderungen zu verdeutlichen.[26]

Im Oktober 2015 tauchte zum ersten Mal der Begriff „Rankbrain" auf. Dieser KI-Algorithmus sollte die Folgejahre bis heute bestimmen. Das letzte Update, das für Aufsehen erregte, war das Google Update Bert. Dieses Update sollte dazu führen, dass Präpositionen in Suchanfragen besser verstanden werden konnte.

Erst jüngst hat das EAT Algorithmus Update für Furore gesorgt. Die Anpassungen haben dazu geführt, dass Authentizität mehr Aufmerksamkeit geschenkt wurde. Anlass für die Anpassungen waren Website, die Fehlinformationen verbreitet haben. Um dieser Entwicklung entgegenzuwirken, wurden konkrete „Website-Signale", wie Quellenangaben, Autoreninformationen und Backlinkqualität als neue Vorrausetzung für gute Rankings eingeführt. Die Auswirkung dieser neuen Internetrealität führte schon 2020 mit der Einführung zu starken

Rankingverlusten.

Auch im März 2024 (Google Core Update March 2024) hat Google dafür gesorgt, dass Inhalte qualitativ wertvoll und in erster Linie hilfreich bleiben. Der neue Algorithmus enthält demzufolge einen verbesserten Spamfilter und achtet insbesondere darauf, dass Nutzer die Inhalte als positiv erachten.[27] Damit hat Google auch 2024 an ein hohes Tempo im Bereich der Ranking Algorithmus Updates festgehalten, dass 2021 eingesetzt hat. Laut Google Dashboard stehen dort in den letzten 3 Jahren jährlich bis zu 2 Google Core Updates auf der Aktualisierungsliste. Diese Aktualisierungen haben den größten Einfluss auf die Suchergebnisse. Ebenfalls nennenswert sind zudem weitere Updates, die sich auf andere Bereiche der Suchmaschine beziehen – wie zum Beispiel Review Updates, Spam Updates und Produkt Review Updates.

Im Allgemeinen bleiben die Richtlinien für Content bestehen. Die Grundsätze wurden 2022 um der Faktor Erfahrung („Experience“) erweitert. Neben den bereits bestehenden Faktoren „Fachkenntnis, Autorität und Vertrauenswürdigkeit“ („Expertise, Authoritativeness, Trustworthiness“) setzt Google damit auf den Faktor Erfahrung, der ebenfalls die Qualität der Inhalte sichern soll. So entsteht die derzeitig gültige Richtlinienbeschreibung „E-EAT“.[28]

Am Beispiel Google wird deutlich, wie Suchmaschinen den Erfolg der Suchmaschineneinträge mitbestimmen. Wer erfolgreiche Indexpositionen erhalten will, sollte sich also um entsprechende Signale kümmern, die genau den Richtlinien von Google entsprechen.

7.9 Technische Aspekte der Suchmaschinenoptimierung

Seit der Ankündigung der Mobile First Strategie von Google

hat auch die technische Optimierung einer Website deutlich an Bedeutung gewonnen. Dabei geht es zahlreiche Möglichkeiten, die eigenen Webpages tatsächlich auf für das Ranking zu optimieren. Dabei kann auch die Geschwindigkeit ein wichtiger Faktor sein. Gerade weil eben Nutzer als Leser erhalten bleiben, hat Google so viel Wert auf technische Aspekte gelegt.

Die On-page Optimierung ist also in den vergangenen Jahren nochmal vielfältiger geworden. Es geht nicht mehr um das einfache Erreichen einer bestimmten Keywordzahl. Vielmehr zählen Komfort der Nutzung, Ladegeschwindigkeiten und Meta Einträge über die Position der eigenen Website.

Natürlich sollten auch die Überschriften sinnvoll aufgebaut werden. Wenn Leser Probleme mit der Struktur der Seite bekommen. H1, H2 und H3 sollten auch in dieser Reihenfolge verwendet werden. Wer diese Reihenfolge nicht einhält, wird auch schon wieder abgestraft.[29]

Es wird deutlich, dass zu SEO heute viel mehr gehört als eine optimierte Headline.

- **Websitegeschwindigkeit, Lesbarkeit, Seitenqualität**

Wer seine Ladegeschwindigkeiten optimieren will, sollte einen Spagat machen, wenn es um die Codierung geht. Hoher Aufwand sollte sich also nicht gleichzeitig in zahlreichen JS-Dateien oder CSS Dateien widerspiegeln. Es ist wichtig einige Tipps zu befolgen, die zu einer besseren Performance der Website führt.

Auch die Lesbarkeit ist mittlerweile ein ernstzunehmender SEO-Faktor.[30] Daher sollte auch die Lesbarkeit mit entsprechenden LSI Tools geprüft werden. Gerade wer nach ganz oben will, sollte auch diese Komponente bei seinen Texten regelmäßig prüfen lassen. Ein Plugin in Blogs oder entsprechende Websites bieten

diese Prüfung auch kostenlos an.
Zur Lesbarkeit zählt aber auch, dass bestimmte Themen und Sätze hervorgehoben werden können. Ebenfalls ist es wichtig Listen zu nutzen, damit die Lesbarkeit besser realisiert werden kann.
Natürlich gibt es auch einige Entwicklungen, die auf der eigenen Website dringend vermieden werden sollten. Gerade Fehler können zu sehr unangenehmen Auswirkungen in den Suchpositionen führen. Im Folgenden erläutern wir einige zentrale Fehler, die das Google Ranking mit beeinflussen können.

Zu viel Werbung in den Beiträgen

Ein Blog oder eine Website sollte aus zwei Gründen nicht zu viel Werbung enthalten. Zum einen stört zu viel Werbung den Leser auf Dauer. D.h. die Seite wird auch nicht gern gelesen. Gerade in Zukunft sollte nur ein gesundes Maß an Werbung eingesetzt werden. In der Regel sind 3-4 Werbeblöcke noch in Ordnung. Wer sich auf lange Sicht nicht die Gunst der Leser verlieren will, reduziert diese Anzahl sogar noch mal auf 1-2 Werbeblöcke pro Seite.

Defekt, eingebundene Medien

Medien wie Feeds oder Videos sollten von Zeit zu Zeit auf Ihre Funktionsfähigkeit geprüft werden. Wenn diese Medien nicht aktuell sind oder sogar nicht abrufbar, ärgert sich der Leser über die entsprechend unnötigen Hinweise. Auch diese Inhalte senken die Usability immens. Auch der Spass geht beim Leser verloren. Hier gilt es also immer wieder mit Updates zum einen die Funktionsfähigkeit aber auch die Aktualität zu gewährleisten, die sich der Leser auch wünscht. Dazu zählen auch lange Ladezeiten der Medien.[31]

Die schlechte Qualität der Angebote kann ein Business auf lange Sicht deutlich schädigen. Daher sollte ein hoher

Qualitätsstandard in allen Belangen eingesetzt werden. Nur hervorragende Qualität gewinnt auch neue Kunden. Versuchen Sie Ihre Konkurrenz mit Ihren Angeboten zu übertreffen. Es darf also auf jeden Fall nicht an umfangreichen Beschreibungen mangeln.

Wer zu wenig Text präsentiert, hat bei Google schlechte Karten.[32] Überzeugen Sie mit neuen Inhalten und Mehrwert. Wenn Sie Ihre Kunden davon überzeugen können, dass Sie einen tatsächlichen Mehrwert bekommen und mit Ihren Dienstleistungen und Produkten im Anschluss besser dastehen, dann haben Sie Ihr Ziel fast schon erreicht.

Ebenfalls sollten Sie auf Ihren Websites darauf achten, dass Sie Themen möglichst vielseitig behandeln. Ein entsprechendes Brainstorming wird Ihnen dabei helfen, zahlreiche Fragestellungen eines Thema erschöpfend zu erfassen. Im besten Fall eröffnen Sie eine kleine Fragerunde und sorgen so für ein entsprechendes Gesamtergebnis.

Auch die Backlinkqualität Ihrer Website ist besonders wichtig geworden. Denn auch Linkquellen werden nach den jüngsten Updates genauer analysiert und auf Spamcharakter geprüft. Websites Verlinkungen von Spamquellen verlinkt werden, erhalten Abzüge im Suchmaschinenranking.

Die Praxis der Suchmaschineoptimierung bleibt ein anspruchsvolles Feld, das von Zeit zu Zeit immer wieder durch signifikante Änderungen geprägt wird. Dabei sollte jeder Unternehmer den langfristigen Nutzen der optimierten Inhalte zu schätzen wissen. Denn jeder Suchmaschineneintrag, der im Internet schnell sichtbar ist, hat einen großen Vorteil. Während jede Werbung fortwährend bezahlt werden muss, benötigt eine SEO Optimierung nur eine eventuell einige Folgebearbeitungen – zusätzliche Kosten fallen allerdings nicht alltäglich an.

Dennoch darf nicht vergessen werden, dass der Wettbewerb

im Internet besonders intensiv geworden ist. Es bleibt also abzuwägen, wann SEO Maßnahmen einen erfolgreichen Einfluss auf die Sichtbarkeit eines Produktes oder des Gesamtunternehmens haben. So sind gerade Nischenprodukte vielleicht erfolgreicher mit SEO Maßnahmen, weil auch entsprechende Keywords seltener umworben werden. Hingegen sind große Keywords eher nicht unbedingt ein gutes Feld für eine direkte SEO Strategie. Wenn sich zu viele Marktteilnehmer, um einzelne Positionen streiten kann der Nutzen eben dennoch gering bleiben.

Im Normalfall ist aber SEO auch dann erfolgreich, wenn nur wenige Seiten einer Website auf der ersten Seite der Googlesuche erscheinen. So kommen langfristig weitere Besucher auf Ihre Website und informieren sich vielleicht auch zu anderen Themen. Um den Erfolg nicht von SEO Einträgen abhängig zu machen sollten daher auch Social Media und Werbestrategien ergänzend und anhaltend kombiniert werden.

KAPITEL 8: AFFILIATE-MARKETING MIT DEM AMAZON PARTNER NET

Manchmal ist es wirklich nicht wichtig eigene Produkte zu verkaufen. Affiliate Marketing zählt zum Beispiel zu den neuen Werbeentwicklungen einer aufstrebenden Online Marketing Branche. Als Abfallprodukt von neuen Werbemaßnahmen, können auch Affiliate Links weitere Umsätze generieren.

Dabei können unterschiedliche Medien zum Einsatz kommen. Beim Affiliate Marketing sollte allerdings beachtet werden, dass die Zahl der Besucher Ihrer Angebote überdurchschnittlich hoch sein sollte. Nur wenn Sie tatsächlich attraktive Ankerseiten haben, werden sich Ihre Verlinkungen auch lohnen.

8.1 Fallstudien erfolgreicher Amazon Affiliate-Marketer

1. Fallstudie: "Wie ich eine sechsstellige Amazon-Affiliate-Site aufbaute" von Ryan Robinson

Ryan Robinson schaffte es, eine sechsstellige passive Einnahmequelle aufzubauen, indem er eine Nischen-Website erstellte, die sich auf Outdoor-Ausrüstung und -Ausrüstung konzentrierte. Er erzählt von seinem Weg, von der Nischenauswahl über die Erstellung von Inhalten bis hin zu Werbestrategien, sowie über die Bedeutung der SEO-Optimierung.

Ryan Robinson, ein erfolgreiches Beispiel für einen Affiliate-Marketer, hat einen Großteil seines Einkommens durch das Amazon-Partnerprogramm generiert. Er hat seine eigene Website aufgebaut, auf der er Produkte von Amazon bewirbt und für jeden Verkauf eine Provision erhält.

Ryan Robinson betont die Wichtigkeit der Auswahl der richtigen Nische und der Erstellung hochwertiger Inhalte, um erfolgreich mit dem Amazon-Partnerprogramm zu sein. Er hat seine Website speziell auf ein bestimmtes Publikum und bestimmte Produktkategorien ausgerichtet, um eine klare Zielgruppe anzusprechen.

Außerdem hat Robinson strategisches Content-Marketing betrieben, um seinen Traffic zu erhöhen. Er hat SEO-Optimierung angewendet, um in den Suchergebnissen höher zu ranken, und er hat seine Inhalte über verschiedene Kanäle wie soziale Medien und E-Mail-Marketing verbreitet.

Darüber hinaus hat Ryan Robinson seine Website kontinuierlich optimiert, um die Conversion-Rate zu steigern. Er hat verschiedene Call-to-Action-Elemente getestet, um herauszufinden, welche am effektivsten sind, und er hat optimierte Landing Pages erstellt, um die Besucher in Kunden umzuwandeln.

Ryan Robinson betont jedoch auch, dass der Erfolg im Affiliate-Marketing Zeit und Engagement erfordert. Es dauert in der Regel einige Monate oder sogar Jahre, bis man nennenswerte Einnahmen erzielt. Robinson empfiehlt daher, langfristig zu denken und kontinuierlich zu lernen und sich anzupassen, um erfolgreich zu sein.
Insgesamt ist Ryan Robinson ein erfolgreiches Beispiel dafür, wie man mit dem Amazon-Partnerprogramm Geld verdienen kann.

Durch die Auswahl einer profitablen Nische, die Erstellung hochwertiger Inhalte und die strategische Vermarktung konnte er gute Einnahmen erzielen und seinen Lebensunterhalt als Affiliate-Marketer bestreiten.

2. Fallstudie: "Von Null auf 20.000 US-Dollar pro Monat mit Amazon-Partnerseiten" von Doug Cunnington

Doug Cunnington präsentiert seine Erfolgsgeschichte, bei der er durch sein Portfolio von Amazon-Affiliate-Websites ein monatliches Einkommen von 20.000 US-Dollar generiert hat. Er spricht über seinen Keyword-Rechercheprozess, seine Strategie zur Erstellung von Inhalten und Möglichkeiten zur Optimierung von Conversions durch die Ausrichtung auf die richtige Zielgruppe.
Doug Cunnington ist ein weiteres erfolgreiches Beispiel für einen Affiliate-Marketer, der Geld mit Amazon-Partnerseiten verdient hat. Cunnington hat sich auf den Aufbau von Nischen-Websites spezialisiert und konzentriert sich stark auf die Optimierung für bestimmte Keywords, um organischen Traffic über Suchmaschinen zu generieren.

Er hat seine Websites so aufgebaut, dass sie Produkte von Amazon bewerben und für jeden Verkauf eine Provision erhalten. Dabei hat er sich auf Nischenmärkte spezialisiert, in denen er wenig Konkurrenz hat und eine hohe Nachfrage nach

Produkten besteht.

Cunnington legt großen Wert auf die Erstellung qualitativ hochwertiger Inhalte, die den Bedürfnissen und Fragen der Zielgruppe entsprechen. Er erstellt detaillierte Produktbewertungen, Anleitungen und informative Artikel, um den Nutzern Mehrwert zu bieten und Vertrauen aufzubauen.
Darüber hinaus betreibt Cunnington strategisches SEO, um seine Websites für relevante Keywords zu optimieren und in den Suchergebnissen besser zu ranken. Er führt auch Keyword-Recherchen durch, um lukrative Keywords zu finden, für die er Inhalte erstellen kann.
Um seinen Traffic und seine Einnahmen zu steigern, setzt Cunnington auch auf den Aufbau von Backlinks und den Einsatz von Social-Media-Marketing. Er vernetzt sich mit anderen Influencern und teilt seine Inhalte über verschiedene soziale Medien, um mehr Menschen zu erreichen.
Doug Cunnington empfiehlt angehenden Affiliate-Marketern, Geduld und Ausdauer zu haben, da es einige Zeit dauern kann, bis man nennenswerte Einnahmen erzielt. Er betont auch die Wichtigkeit der kontinuierlichen Weiterbildung und des Lernens, um sich in einem sich ständig verändernden Umfeld wie dem Internet-Marketing erfolgreich zu behaupten.

Insgesamt hat Doug Cunnington durch den Aufbau von Amazon-Partnerseiten und die gezielte Optimierung für Suchmaschinen-Traffic erfolgreich Geld verdient. Seine Fokussierung auf Nischenmärkte, qualitativ hochwertige Inhalte und strategisches Marketing haben ihm geholfen, einen stabilen Einkommensstrom als Affiliate-Marketer aufzubauen.

3. Zusammenfassung Fallstudie: "Wie man mit Amazon Associates und YouTube 10.000 US-Dollar pro Monat verdient" von Chris Guthrie

Chris Guthrie teilt seine Erfahrungen mit der Nutzung von

YouTube als Werbekanal für sein Amazon-Affiliate-Geschäft. Er erklärt, wie er das große Publikum von YouTube genutzt hat, um den Traffic auf seine Website zu lenken und den Umsatz zu steigern, sowie wie wichtig es ist, eine treue Community von Followern aufzubauen.
Chris Guthrie teilt seine Erfahrungen als Amazon-Partnerprogramm-Teilnehmer in seinem Blog und seinen Vorträgen. Er ist ein erfolgreicher Affiliate-Marketer, der sich auf das Amazon-Partnerprogramm spezialisiert hat.
In seinen Erfahrungsberichten betont Chris Guthrie die Bedeutung der Auswahl profitabler Nischen und der Erstellung hochwertiger Inhalte. Er empfiehlt außerdem, sich auf Produkte zu konzentrieren, die eine hohe Nachfrage haben und eine gute Provision bieten.

Guthrie spricht auch über die Effektivität des Traffic-Generierung durch SEO-Optimierung, Content-Marketing und die Nutzung von Social-Media-Kanälen. Er betont, dass die regelmäßige Überprüfung und Anpassung dieser Strategien entscheidend für den Erfolg ist.
Darüber hinaus bietet Chris Guthrie Tipps zur Conversion-Optimierung, wie zum Beispiel das Testen verschiedener Call-to-Action-Elemente und die Verwendung von geeigneten Landing Pages
Chris Guthrie betont jedoch auch, dass Affiliate-Marketing Zeit und Engagement erfordert. Es dauert in der Regel einige Zeit, bis man echte Ergebnisse sieht, und er rät dazu, langfristig zu denken und kontinuierlich zu lernen und sich anzupassen.

Insgesamt sind Chris Guthries Erfahrungen mit dem Amazon-Partnerprogramm überwiegend positiv. Er hat nachweislich gute Einnahmen erzielt und teilt sein Wissen und seine Erfahrungen gerne mit anderen Affiliate-Marketern.

Diese drei Fallstudien bieten einen Einblick in die Erfolgsstrategien und -taktiken dieser Affiliate-Marketer und dienen als Inspiration und Leitfaden für andere, die das Amazon-Partnerprogramm nutzen möchten.

Wie erfolgt der Aufbau von Affiliate Websites?

Der Aufbau einer Affiliate-Site von Grund auf und die Umwandlung in ein sechsstelliges Geschäft erfordert Zeit, Geduld und eine strategische Herangehensweise. Hier sind einige Schritte, die dabei helfen können:

1. **Nischenforschung:** Identifizieren Sie eine profitable Nische, die zu Ihren Interessen und Kenntnissen passt. Führen Sie eine gründliche Keyword-Recherche durch, um herauszufinden, nach welchen Produkten oder Informationen Ihre Zielgruppe sucht.

2. **Domainregistrierung und Hosting:** Registrieren Sie eine Domain, die Ihre Nische widerspiegelt, und wählen Sie einen zuverlässigen Webhosting-Anbieter. Nehmen Sie sich Zeit, um Ihre Website sowohl optisch ansprechend als auch benutzerfreundlich zu gestalten.

3. **Content-Erstellung:** Erstellen Sie qualitativ hochwertige Inhalte, die für Ihre Zielgruppe relevant sind. Verwenden Sie Keywords strategisch in Ihren Artikeln und optimieren Sie sie für Suchmaschinen, um organischen Traffic anzuziehen.

4. **SEO-Optimierung:** Verbessern Sie das Ranking Ihrer Website in Suchmaschinen, indem Sie SEO-Optimierungsstrategien wie Linkbuilding, On-Page-SEO und technische SEO implementieren. Achten Sie darauf, dass Ihre Website schnell und benutzerfreundlich ist.

5. **Partnerprogrammauswahl:** Melden Sie sich bei passenden Affiliate-Netzwerken an und wählen Sie relevante

Partnerprogramme aus. Stellen Sie sicher, dass die Produkte oder Dienstleistungen, die Sie bewerben, zu Ihrer Nische und Zielgruppe passen.

6. Traffic-Generierung: Nutzen Sie verschiedene Traffic-Generation-Strategien, um Ihre Website bekannt zu machen. Dies kann beinhalten, Social-Media-Kanäle zu nutzen, Gastbeiträge auf anderen Websites zu verfassen oder bezahlte Werbung zu schalten.

7. Conversion-Optimierung: Testen Sie verschiedene Call-to-Action-Elemente, Landing Pages und Conversion-Strategien, um Ihre Conversion-Rate zu verbessern. Analysieren Sie auch regelmäßig Ihre Affiliate-Links und identifizieren Sie, welche am besten konvertieren.

8. Skalierung: Sobald Sie eine profitable Einnahmequelle identifiziert haben, skalieren Sie Ihr Geschäft, indem Sie mehr Inhalte erstellen, neue Partnerprogramme einbinden und Ihre Traffic-Generation-Strategien erweitern.

Es ist wichtig zu beachten, dass der Aufbau einer rentablen Affiliate-Site Zeit und kontinuierliche Anstrengungen erfordert. Erfolg kommt nicht über Nacht, aber mit der richtigen Vorgehensweise und Ausdauer ist es möglich, ein sechsstelliges Geschäft aufzubauen.

8.2 Die Bedeutung der Conversion im Marketing

Die Conversion ist der Knackpunkt im Online Marketing. Der Begriff der Conversion wird auch im Zusammenhang mit dem Sales Funnel genannt. In diesem Kapitel wird daher nochmal genau auf die wichtigen Details geschaut, die sich auch für Ihre Marketing Strategie auszahlen kann.

- ***Wie bringe ich den Kunden dazu mein Produkt zu kaufen? Wie finde ich möglichst viele Kunden?***
- ***Welche Schritte durchläuft ein Kunde bevor er ein Produkt kauft?***
- ***Wie kann ich einen potenziellen Kunden finden und bis zum Abschluss bringen?***

Diese Fragen werden im Salesbereich beantwortet. Die Umwandlung von Interessenten in Kunden ist der wichtigste und gleichzeitig schwierigste Schritt im Marketing. Daher gilt es hier den Sales Funnel besser zu verstehen und Angebote so gestalten, dass Sie zur jeweiligen Sales Funnel Stufe passen.

8.3 Der Sales Funnel als entscheidende Kundeneinstufung

Der Sales Funnel beschreibt die Situation des Kunden im Einkaufsprozess. Diese sogenannte Sales Funnel Stufe ist auch wichtig für die entsprechende Bewerbung der Kunden und die Intensität, in der der Kunde von einem Unternehmen informiert wird. Somit dient der Sales Funnel dazu, die bestehenden Marketing und Vertriebsprozesse in einem Unternehmen effektiv zu gestalten.[33]

- Wie intensiv kommt das Unternehmen auf den Kunden zu?
- Wie oft werden Informationen gesendet?
- Wie tief und interessenbezogen sind die Angebote und vielleicht sogar Produkttestangebote?

Unternehmen unterscheiden dabei vor allen Dingen die Position im Funnel. Ganz oben befinden sich zunächst mal alle Personen, die in irgendeiner Form mit dem Unternehmen in Kontakt kommen. Dabei handelt es ich um unqualifizierte, potentielle Kunden. Diese Gruppe befindet sich zunächst mal am oberen Ende des Trichters. (Top of Funnel). Wenn dann gezielt Interesse bekundet wird und ein unqualifizierter Kunde sich zum Beispiel zu einem Newsletter anmeldet, wird Interesse signalisiert. Die Person wird jetzt zum qualifizierten Lead. Seine Position ändert sich dementsprechend in Richtung Trichtermittelfeld („Middle of the Funnel Position"). Im unteren Ende des Trichters erfolgt tatsächlich der Verkauf. Hier geht es um aktive Verkaufsmaßnahmen und um die tatsächlich auch kaufende Konsumentengruppe.

In einer optimierten Marketingkampagne wird dem Kunden entlang des Sales Funnels eine bedürfnisorientierte Information zugesendet. Es ist also wichtig, dass ein unqualifizierter

Interessent nicht sofort mit Produktinformationen gefüttert wird, weil das Bedürfnis nach Problemlösungen in dieser Verkaufstrichterstufe vorrangig bleibt.
Mit diesen Kenntnissen können Unternehmen Ihre Conversion nochmal deutlich verbessern. Denn Kunden werden auch ganz einfach deswegen eher kaufen, weil Sie sich besser verstanden fühlen.

KAPITEL 9: E-COMMERCE AUF HANDELSPLATTFORMEN -

Handelsplattformen wie Amazon und Ebay haben in den vergangenen Jahren an Popularität gewonnen. Zahlreiche Verkäufer konnten an dieser Stelle bereits zahlreiche Produkte verkaufen.

Die Plattformen haben zahlreiche Vorteile, gerade wenn der eigene Onlineshop noch weitestgehend unbekannt ist.

Die Reichweite und die Millionen Kunden weltweit machen jeden Verkaufsplatz auf Ebay und Amazon grundsätzlich erstmal attraktiv. Dennoch hat sich der Wettbewerb insgesamt weiter verschärft.

Es wird zunehmend schwerer ein Produkt erfolgreich bei Amazon oder Ebay zu vermarkten. Zu schnell erscheinen Wettbewerber, die das eigene Produkt ebenfalls vermarkten. Trotzdem bleibt der Verkauf auf Amazon und Ebay sehr attraktiv.

9.1 Produktauswahl auf Handelsplattformen

Der Verkauf auf Ebay und Amazon hat sich in den vergangenen Jahren immer mehr zum Geschäft der Großanbieter gemausert.[34] Powerseller auf Ebay haben selten weniger als 10.000 positive Bewertungen. Den Powerseller Level erhält jeder Händler, der in den ersten 12 Monaten mehr als 100 Transaktionen mit einem Umsatz von 1000 € und mehr getätigt hat. Dabei wird also besonders eine hohe Stückzahl verlangt. Ansonsten bleibt der entsprechende Status aus.

Die meisten kleinen Anbieter haben viel seltener die Möglichkeit entsprechende Preisvorteile zu bieten, wenn Sie nur punktuell und vereinzelt Waren verkaufen. Dennoch sind einige Tipps ein guter Wegbereiter, um Chancen in Nischen zu nutzen. Gerade wer den Anspruch hat, hohe Qualität zu liefern, kann auch in Zukunft glänzen. Besonders beliebt sind Rabatte. Wer es ermöglichen kann, sollte seinen Kunden gerade beim Einstieg öfter mal Rabatte anbieten. Dann kann auch die Schwelle zum Powerseller mit steigenden Transaktionszahlen schneller erreicht werden.

Zum Beispiel, wer 2 oder 3 Produkte kauft, sollte schon mit einem zusätzlichen Rabatt von 5-10% rechnen dürfen. So entstehen schnell zusätzliche Anreize, die einen Kauf wahrscheinlicher werden lassen. Auch in Zukunft ist es wichtig, zusätzliche Tricks einzusetzen, damit Käufer Vertrauen gewinnen. Dabei spielen die eigenen Bewertungen eine wichtige Rolle. Nur wenn der Kunde sieht, dass der Verkäufer regelmäßig gute Bewertungen erhalten hat, wird das Vertrauen auch für einen Kauf vorhanden sein. Schon eine einzige negative Bewertung kann den Umsatz in den Folgewochen deutlich hemmen. Wie kann also erfolgreiches Verkaufen auf Ebay oder

Amazon realisiert werden?

Die Richtige Strategie

Wer auf Amazon oder Ebay erfolgreich verkaufen will, sollte zahlreiche Punkte beachten.[35] Der Erfolg wird dabei von verschiedenen Komponenten abhängen.

- ***Kann sich das Angebot am Markt durchsetzen?***
- ***Vertrauen Kunden Ihren Angeboten?***
- ***Welche Produkte können besonders gut bei Ebay und Amazon verkauft werden?***
- ***Kann die Online-Reputation positiv erhalten bleiben?***
- ***Sind die Beschreibungen ausreichend gestaltet worden?***

Diese Fragen sind sicherlich besonders wichtig, wenn es um erfolgreiche Verkäufe geht.
Aber auch nicht zu unterschätzende Faktoren spielen eine sehr wichtige Rolle. Hierzu zählen auch Reviews, die von Kunden angeworben werden können.

Dies kann zum Beispiel über die Anwerbung von Reviews mit „Danke-Karten“ erfolgen, die dem Verkaufspaket beigelegt sind. So erhält der Kunde einen netten Hinweis darauf, seinen Kauf auch zu bewerten. Auf lange Sicht sind diese Bewertungen nämlich überlebenswichtig für das Online Business.

Zudem kann es ein Vorteil sein, die Produkte von Amazon verschicken zu lassen. Denn dann kann auch ein Expressversand realisiert werden. Gerade wenn einige Produkte ganz gut laufen, sollte dieser Schritt in Erwägung gezogen werden.

Wer gerade eingestiegen ist, kann seine ersten Kunden auch gewinnen, indem er am Anfang Gratisproben verschickt. So entsteht schon bald eine Liste potentieller Kunden, die im weiteren Verlauf auch zahlungsbereit sind, wenn die Produkt als gut empfunden worden sind.

Das Richtige Produkt

Auch Reseller Konzepte sind derzeit sehr erfolgreich. Wer sich gerade bei Amazon erfolgreich bewegen will, sollte Produkte wählen, die ein großes Umsatzpotential haben. Viele Fragen sich an diesem Punkt wie Sie die richtige Nische finden. Dies ist im Prinzip nicht so einfach. Nischen lassen sich besonders gut an Produktkäufen ablesen. Lassen Sie sich Verkaufszahlen in Ebay ausgeben. Sehr hilfreich ist die Ansicht der vergangenen Verkäufe in einer bestimmten Kategorie. Wer Zugriff auf das Verkäufercockpit hat, kann entsprechende Informationen optimal verwerten und für seine eigenen Zwecke, Statistiken, Umsatztrend, etc. verwenden.

Mit diesen Angaben können Sie dann im Anschluss besser vorankommen. Profitieren Sie so von den Produkten, die besonders reizvoll sind. Sichern Sie sich die Produkte zu guten Konditionen und steigern Sie in den Verkauf ein. Wählen sie nicht Produkte, die sowieso nicht verkauft werden. Gerade am Anfang kann die Nutzung von Topsellern ein Weg sein, um die Umsätze langsam zu steigern. Zudem gehen Sie weniger Geschäftsrisiko ein.

Großhandelsprodukte

Es gibt verschiedene Wege und Möglichkeiten erfolgreich bei Amazon oder Ebay zu verkaufen. Der Verkauf von Großhandelsprodukte stellt eine sehr gute Möglichkeit dar. Daher gilt es auch diese Option wahrzunehmen. Aber auch hier ist klar. Wenn Sie ein Produkt wählen haben Sie bald auch eine gewisse Konkurrenz. Denn auch der Verkauf von Großhandelsprodukten ist nicht weiter beschränkt. Es gibt also die Möglichkeit Margen mitzunehmen, solange die Wettbewerber nicht ebenfalls das gleiche Produkt anbieten und die Angebotsmenge überschaubar bleibt.

Eigenmarkenprodukte Mit Private- Labeling

Auch eine eigene Marke kann genutzt werden, um Handelsprodukte als „Whitelabel" einzukaufen und zu vermarkten. Diese Vermarktungsart hebt also auf Ihren Markennamen ab. Sie selbst erzeugen eine Marke und kaufen Ihre Produkte von Händlern ein. Die Gestaltung der Label wird dann ein zusätzliches Unterfangen, bevor Sie die Ware verschicken.

Wenn Sie erstmal Fans haben, können Sie auf weiteren Absatz hoffen. Bis es soweit ist, muss Ihre Marke aber erstmal bekannt werden. Zudem wird ein zusätzlicher Aufwand fällig. Sie werden also zunächst investieren müssen, bevor Sie entsprechende Stammkunden gewonnen haben. Zudem benötigen Sie Zulieferer, die Sie genau mit der gleichen Qualität versorgen, ansonsten geht Ihr Markenversprechen verloren.

Nicht nur bei der Zusammenstellung Ihrer Produkte ist es wichtig, genau zu analysieren wie sich Ihr Angebot verhält.

- Haben Sie Produkte, die sich gar nicht verkaufen?

Dann sollten sie Ihr Sortiment einer intensiven Nutzenanalyse. Denken Sie hier besonders daran, ob und warum Ihr Kunde Ihr Produkt kaufen sollte. Und stellen Sie sich die Frage, ob Sie das Produkt auch in Zukunft kaufen und warum Sie es in Zukunft kaufen werden.

So werden Sie vielleicht auch verstehen und in einem anschließenden Vergleich mit Ihrem Wettbewerb feststellen, warum Sie manche Produkte so schlecht verkaufen. Es spielt also eine große Rolle wie Sie Ihre Produkte sehen und wie Sie sie vermarkten. Stellen Sie sich, dass Sie die Vorzüge richtig hervorheben. Nur wenn Sie tatsächlich den Nutzen optimal

hervorheben, haben Sie auch Verkaufschancen. Denn ansonsten werden Ihre Wettbewerber dies tun.

9.2 Online-Werbung schalten

Gerade wer auf Ebay seine Produkte verkaufen will, sollte auch an die Werbung denken. Ebay bietet eine sehr gute Werbemöglichkeit an, die nur Kosten anfallen lässt, wenn der Artikel auch verkauft wird. Auch bei dieser Werbung sollte allerdings mittelfristig auf den Anteil geachtet werden. Dennoch ist diese Werbemöglichkeit gerade für schwer zu verkaufende Produkte enorm wichtig. Sie werden erleben, dass Sie Ihr Produktangebot vielleicht monatelang nicht verkaufen, weil der Wettbewerb Ihren Angeboten die Sichtbarkeit entzieht.

Setzen Sie dann einfach auf entsprechende Werbemöglichkeiten. Ebay Werbung kann also sehr gut dabei unterstützen, Neukunden zu gewinnen und den Umsatz zu erhöhen.

Die Intensität der Werbung sollte dabei vom prozentualen Werbeanteil am Verkaufspreis abhängig gemacht werden. Der Verkäufer kann also auch 50%-60% von seinen Einnahmen in die Werbung investieren. Wer es nicht übertreiben will, verwendet eben besser nur 5-12%.

Der Effekt macht sich in jedem Fall bemerkbar. Im Gegensatz

zu Produkten, die nicht beworben werden, steigen die Umsätze doch deutlich merkbar an. Produkte die eher schweren Absatz finden, können daher mit Glück doch noch abgesetzt werden, auch wenn die Prognosen vorher schlecht standen.

Gerade Marketing spielt auf Ebay und Amazon eine wichtige Rolle. Es gibt kaum noch Produkte, die nicht nach einiger Zeit, harte Konkurrenz zu befürchten haben. Dazu sind zu viele Händler bei Ebay und Amazon aktiv. Die Art des Marketings hat sich aber auch grundlegend verändert. Welche Maßnahmen sind allerdings heute besonders wichtig, um die eigenen Produkte möglichst erfolgreich zu verkaufen?

Die Optimierung der eigenen Produktbeschreibungen ist maßgeblich für den Erfolg. Nur wenn die eigenen Produkte auf passende Keywords optimiert werden, lässt sich auch auf Erfolg hoffen. Aber auch die SEO-Faktoren haben sich verändert. Hier gilt es daher entsprechende Anpassungen vorzunehmen. Überschrift, Beschreibung und Bilder sind wichtige allesamt sorgfältig anzupassen. Gerade die Beschreibung sollte in Listenform erfolgen.

Dann entsteht eine sehr gute Chance auf bessere Suchergebnisse, gerade wenn die wichtigen Keywords dort enthalten sind. SEO bleibt also auch bei Amazon ein wichtiger Faktor. Hier sollte entsprechend Zeit eingesetzt werden, damit die Anpassungen auch entsprechende Wirkungen entfalten können. Auch die Lesbarkeit hat immer mehr an Bedeutung gewonnen. Aber gerade bei Amazon und Ebay zählen natürlich die Kategorien ganz besonders.[36] Es gib zudem bestimmte Ebay Richtlinien, die bei Einhaltung bessere Rankings ergeben. Das A und O gerade beim Verkauf bleiben aber gute Produktbeschreibungen in Listenform und die Angebotsbilder.[37] Diese sollten gut gestaltet sein und die Produkte tatsächlich in einem guten Licht zeigen.

9.3 Produktbewertungen auf Ebay und Amazon

Bewertungen sind auch bei Amazon und Ebay wichtiger geworden. Produkte ohne Bewertungen werden fast gar nicht mehr verkauft. Käufer verlassen sich gerade zu auf Produktrezensionen, um ein bisschen Sicherheit beim Kauf zu erhalten. Es kann daher in jedem Fall sinnvoll Bewertungen zu bekommen. Gerade die 5 Sterne Bewertung hat daher auch einen besonderen Stellenwert im Ebay Marketing erreicht. Langfristig ist die Händlerbewertung bei Ebay ausschlaggebend. Wenn Sie einen überdurchschnittlichen Servicelevel halten und zahlreiche positive Bewertungen erhalten haben ist es sinnvoll.

Die Vorteile von guten Bewertungen und die Pflicht zu hohen Anteilen von positiven Bewertungen.

- ***Käufer achten auf die Bewertungen der Verkäufer***
- ***Angeboten von Händlern mit positivem Händlerkonto werden besser gerankt***
- ***Ein hoher Servicelevel sorgt für hohes Ansehen und Vertrauen bei zukünftigen Käufern.***
- ***Positive Bewertungen können den Umsatz um bis zu 30% erhöhen***

Wie beschrieben wird auch die Suchmaschinenposition zu einem gewissen Bestandteil von Ebay Bewertungen bestimmt. Somit lohnt sich die Bewertung nicht nur für den individuellen Verkauf, sondern auch für eine deutlich erhöhte Sichtbarkeit.

9.4 Retouren

Der Onlinehandel und der Erfolg im Onlinehandel wird stark von Retouren bestimmt. Amazon als Weltmarktführer wächst jedes Jahr. Dennoch hat Amazon ein unvorstellbar großes Problem mit Retouren. Somit geht es darum auch als Einzelhändler auf die Qualität der eigenen Waren zu achten. Gerade im Onlinehandel stellt und fällt Ihr Business mit der Qualität Ihrer Lieferung.

Auch die Sicherheit Ihrer Lieferung ist unglaublich wichtig. Hier gilt es dem Kunden so wenig wie möglich Gründe für eine Retoure zu geben. Achten Sie also darauf, dass Sie auch bei der Wahl Ihrer Produkte schon im Vorfeld absichern, dass Ihr Produkt gut beim Kunden ankommt. Dazu zählen auch eine professionelle Rechnung und ein Angebot, dass Ihre Kunden rundum zufriedenstellen wird.

9.5 Checkliste mit Fragenkatalog: Verkauf eines Produktes bei Ebay

Fragen zur allgemeinen Produktdetails

1. Sind alle Produkteigenschaften eingefügt?
2. Sind die Bilder entsprechend gut erfasst?
2.1 Haben Sie besondere Detailaufnahmen der Angebote
3. Haben Sie eine saubere zusätzliche Produktabbildung in der Beschreibung?
4. Nutzen Sie Listenelemente, um Produktvorzüge zu nennen?
5. Nutzen Sie Rabattmöglichkeiten?
6. Sind Sie zum Multirabatt berechtigt?
6. Bieten Sie Ihre Produkte mit kostenlosem Versand an?
7. Bieten Sie ausreichende Zahlungsmöglichkeiten an?

Rechtliche Aspekte

1. Haben Sie eine Umsatzsteueridentifikationsnummer?
2. Nutzen Sie eine entsprechende rechtliche Information als Verkäufer?
3. Haben Sie eine Widerrufsbelehrung eingefügt?

Fragen zur Werbung

1. Bewerben Sie Ihre Artikel mit einem Anteil von 10-15% Umsatzanteil?
2. Haben Sie einige Produktlinks verteilt und in sozialen Netzwerken eingebracht?
3. Nutzen Sie Ihre eigene Homepage bereits für Werbung?

Produkt und Versand

1. Welche Verpackung benötigten Sie für Ihr Produkt?
2. Haben Sie bereits ein passendes Rechnungsformular?
3. Nutzen Sie die optimale Frankierung?
4. Wie können Sie beim Versand sparen?

9.6 Fazit Produktverkauf auf Handelsplattformen

Der Verkauf auf Ebay oder Amazon kann sehr erfolgreich verlaufen. Allerdings gilt auch hier wie beim Amazon FBA die richtige Wahl des Produktes zu beachten. Ebenso gilt es den gesamten Verkaufsverlauf möglichst optimal zu gestalten.

Dazu zählen zahlreiche Maßnahmen von der Produktwahl, über die Produktbeschreibung bis zur Multichannelwerbestrategie. Ebenfalls muss die Distribution optimal beachtet werden. Kunden wollen einen sicheren und zeitnahen Versand der Waren. Nur wer hier einen gewissen Spielraum einhält wird langfristig zufriedene Kunden behalten.

KAPITEL 10: DER AI E-COMMERCE KOMPASS 4.0 ZUR ZUKUNFTSORIENTIERUNG

Der AI E-Commerce Kompass 4.0 hat hoffentlich nicht nur erste Eindrücke vom aktuellen Online Marketing gegeben - er hat Ihnen auch Schritt für Schritt gezeigt, wie Sie auf lange Sicht optimal Inhalte mit Produkten und Dienstleistungen verbinden können und diese immer besser verkaufen.

Dabei steht im Zentrum das Produktmarketing. Denn die Qualität der Websites und Produktseiten bei Amazon und Ebay sollte in jedem Fall den hohen Anforderungen der Märkte gerecht werden.

Es zählt dabei nicht nur die Optimierung von Keywords, sondern eben auch der technische Zustand der Website und die fehlerfreie Gestaltung von Angeboten. Mehr als noch vor einigen Jahren sind heute auch verschiedene Medienformen zum Rankingfaktor aufgestiegen.

Wer aber schnelle Ergebnisse erzielen will, sollte auch auf die Power der Social Media Netzwerke nicht verzichten. Das Thema Affiliate Marketing ist mittlerweile ebenfalls sehr eng mit diesen Entwicklungen verknüpft. Die Gruppen und Netzwerke erreichen in wenigen Tagen zahlreiche Zielgruppen. Damit hat jedes E-Business den Vorteil, Reichweite sofort und nicht erst nach mehreren Monaten zu erzielen.

Eine weitere Möglichkeit Umsätze zu entfachen, ist auch im Online-Marketing die Online Werbung. Sowohl Google als auch die Social Media Netzwerke wie Facebook bieten hierzu entsprechende Möglichkeiten.

Wer allerdings auf Werbung setzt, sollte entsprechende Zielgruppen beachten und die Netzwerke wie Facebook diesbezüglich analysieren. Trotzdem bleibt bei der Werbung der Nachteil, dass sofort entsprechend Kosten entstehen. Diese Investition zahlt sich aber meistens schon aus, wenn Kunden damit gewonnen werden konnten. Diese kommen manchmal auch wieder und kaufen noch mal. Somit wird auch Ihr Unternehmen bekannter.

Gerade auch die sozialen Medien, wie Facebook, Youtube, Twitter und Co. können dabei einen wichtigen Beitrag leisten, damit Dein E-Business auch in Zukunft besser läuft und mehr Umsätze macht.

Eine Sonderrolle spielt dabei gerade auch Pinterest. Als Traffic-Quelle ist Pinterest absolut ernst zu nehmen. Und das gilt sowohl für Blogs und Websites, aber auch für Youtube Videos. Pinterest erregt sehr einfach sehr starke Aufmerksamkeit. Daher sollte jeder Anbieter eine gezielte Werbung auf Pinterest anstreben und auch in Verbindung mit AI-Content eine neue Kampagne auf Pinterest in Erwägung ziehen. Denn gerade Produkte, die Inspiration bieten, können auf Pinterest optimal vermarktet werden.

Wer im Internet Geld verdienen will, sollte vor allen Dingen bedenken, dass nur ein optimales Zusammenspiel von Information und Problemlösung den Kunden zum Produkt führen. Daher gilt es eine AI-Content Strategie aufzubauen, die eine Vielzahl von Medien kombiniert, um möglichst viele Zielgruppen in kurzer Zeit zu erreichen.

Neue Text-, Bild- und Videogeneratoren sind im AI E-Commerce Kompass 4.0 vorgestellt worden. Die neuen Programme können gerade kleinen und mittelständischen Unternehmen nutzen, um im Wettbewerb um Aufmerksamkeit mithalten zu können. Daher sollten Unternehmen auch in Zukunft weitere Fortbildungsmöglichkeiten in Anspruch nehmen, damit die Anwendung von AI-Tools selbstverständlich wird.

LITERATUR

Erichsen, C. (2020): *Von einflussreich bis furzig: Die Google-Updates seit 2000*. t3n – digital pioneers. https://t3n.de/news/einflussreich-furzig-1137648/

Graf, S. (2020): *Erfolgreich auf Amazon verkaufen - so gelingt der Start*. Gründer.de. https://www.gruender.de/verkaufen-auf-amazon/

Weber, E. (2013): *Kundengewinnung im Internet durch Gratis-Angebote*. Internetagentur Ludwigshafen und Mannheim | Webdesign und Marketing. https://www.erpa-web.de/blog/kundengewinnung-im-internet-durch-gratis-angebote/

Peer, G. (2018): *Mit Affiliate Marketing auf YouTube Geld verdienen*. Affiliate Marketing Tipps. https://www.affiliate-marketing-tipps.de/affiliate-marketing/mit-affiliate-marketing-auf-youtube-geld-verdienen/1004288/

Neil Patel (2019, Februar 15): *Wie Du Deinen Pinterest-Traffic in nur 10 Minuten um 67,65 % steigern kannst*. https://neilpatel.com/de/blog/pinterest-traffic/

Polunin, A. (2019, März 22): *Mehr Traffic durch Pinterest – meine 10 besten Tipps*. Alexandra Polunin. https://www.alexandrapolunin.com/blog/pinterest-traffic-tipps

Grundmann, M. (2019, Juni 16): *8 Strategien für mehr Pinterest-Traffic*. Marpha Consulting. https://www.marpha-consulting.de/pinterest-traffic/

Jeyam, N. (2019). *Erfolgreiche Facebook Werbeanzeigen schalten - in 10 Schritten*. https://www.pinetco.com. https://www.pinetco.com/blog/erfolgreiche-facebook-werbeanzeigen

Stewing, S. (2019, September 17): *10 Tipps für erfolgreiche Ads Werbung bei Google*. Haufe Akademie. https://www.haufeakademie.de/blog/themen/marketing/10-

tipps-fuer-erfolgreiche-adwords-werbung-bei-google/

Schier, C. (2020): *Top 10 Google Ads Tipps für effiziente Werbung | web-netz*. web-netz.de. https://www.web-netz.de/blog/google-ads-tipps/

Bauer, T. (2017): *Wie der lokale Handel von den Google Micro-Moments profitieren kann*. OnlineMarketing.de. https://onlinemarketing.de/news/google-micro-moments

Clicks (2020): *Die 10 häufigsten SEO-Fehler und wie wir sie vermeiden*. https://www.clicks.de/blog/die-10-haeufigsten-seo-fehler-und-wie-wir-sie-vermeiden

Heine, C. (2018): *10 SEO-Fehler, die Du 2018 nicht mehr machen solltest*. www.lexoffice.de. https://www.lexoffice.de/blog/10-seo-fehler/

Tantau, B. (2015): ***Top** 10 SEO Fehler*. bjoerntantau.com: So geht erfolgreiches Internet Marketing! https://bjoerntantau.com/top-10-seo-fehler-05102012.html

Flyeralarm (2020): Mit diesen 6 Tipps optimieren Sie Ihre Click Through Rate (CTR) in Google Ads. FLYERALARM Digital. https://flyeralarm.digital/ratgeber/ctr-optimieren/

Zimmermann, U. (2018): So steigern Sie Ihre CTR in den organischen Suchergebnissen. eMinded GmbH. https://eminded.de/magazin/so-steigern-sie-ihre-ctr-in-den-organischen-suchergebnissen/

Schirmer, K. (2019): *Lesbarkeit verbessern – 5 Grundregeln für den SEO-Faktor Readability*. Kathrin Schirmer Kommunikation: Redaktionsbüro München. https://www.kathrin-schirmer.de/de/lesbarkeit-verbessern/

Floemer, A. (2016): *Backlinks: 10 Punkte, die sich beim Linkaufbau in den letzten Jahren verändert haben*. t3n – digital pioneers. https://t3n.de/news/backlinks-linkaufbau-10-punkte-699139/

Seologen (2016): *Wie wertvoll ist ein Backlink?* https://www.seologen.ch/. https://www.seologen.ch/blog/backlinks-bewerten

Lewald, K. (2017): *10 verdammt gute Gründe warum du deine E-Mail-Liste aufbauen solltest*. Katharina Lewald. https://katharina-lewald.de/e-mail-liste/

Jackson, B. (2019): *Wie man eine E-Mail-Liste schnell und effektiv erstellt (bewährte Strategien).* Kinsta Managed WordPress Hosting. https://kinsta.com/de/blog/wie-man-eine-e-mail-liste/

Schreibsuchti (2020): *30 erprobte Wege deine E-Mail-Liste aufzubauen: Von 0 auf 300 neue Abonnenten pro Monat!* Schreibsuchti. https://www.schreibsuchti.de/2015/01/14/e-mail-liste-aufbauen/

Literaturcafe (2018): *Amazon Kindle: 10 Tipps wie Sie Ihr eigenes E-Book veröffentlichen und 70% Autorenhonorar bekommen.* literaturcafe.de. https://www.literaturcafe.de/amazon-kindle-10-tipps-wie-sie-ihr-eigenes-e-book-veroeffentlichen/

Matting, M. (2019): *Einsteiger-Tipp: Fünf Schritte, mit denen Sie am besten ins Self Publishing starten*. Die Self-Publisher-Bibel. https://www.selfpublisherbibel.de/einsteiger-tipp-fuenf-schritte-mit-denen-sie-am-besten-ins-self-publishing-starten/

Matting, M. (2020): *Autoren-Tipp: Die zehn häufigsten Irrtümer über das Veröffentlichen im Selfpublishing*. Die Self-Publisher-Bibel. https://www.selfpublisherbibel.de/autoren-tipp-die-zehn-haeufigsten-irrtuemer-ueber-das-veroeffentlichen-im-selfpublishing/

Peer Wandiger (2020): *Ein Buch bei Amazon veröffentlichen Teil 6: Tipps, Tricks und Hinweise*. Selbstständig im Netz. https://www.selbstaendig-im-netz.de/buero-2/ein-buch-bei-amazon-veroeffentlichen-teil-6-tipps-tricks-und-hinweise/

***SEO-HANDBUCH.DE™*(2019)**: *eBay SEO: 15 Ranking-Tipps für bessere Platzierungen* https://www.seo-handbuch.de. https://www.seo-handbuch.de/suchmaschinen-suchmaschinenoptimierung/ebay-seo-15-ranking-tipps-fuer-bessere-platzierungen

Andreas Schilling. (2019): *10 Tipps für den eBay Erfolg*. KEYNA.

https://www.keyna.de/ebay/

***SEO Handbuch.de™* (2019):** *10 SEO-Tipps zur Optimierung von eBay-Shops SEO* https://www.seo-handbuch.de/. https://www.seo-handbuch.de/suchmaschinen-suchmaschinenoptimierung/10-seo-tipps-zur-suchmaschinenoptimierung-von-ebay-shops

Ryte (2015): *Prospecting – **Ryte** Wiki - Digitales Marketing Wiki.* https://de.ryte.com/wiki/Prospecting

Statista (2020): *Umfrage zu den über Online-Audio genutzten Inhalten bis 2020* https://de.statista.com/statistik/daten/studie/749198/umfrage/ueber-online-audio-genutzte-inhalte-in-deutschland/

Pech, C. (2017): *Infografik: Das sind die wichtigsten Shopping-Zeiten der Kunden*. Online Händler News. https://www.onlinehaendler-news.de/online-handel/haendler/29950-infografik-shopping-zeiten-kunden

Smart Marketing Breaks (2019): *Der Sales Funnel (Verkaufstrichter) – Definition, Erklärung und Beispiele › SmartMarketingBreaks.eu.* https://smartmarketingbreaks.eu/sales-funnel/

Dziuba, T. (2020): *Auf Amazon verkaufen: Update Mai 2020 - Tobias-Dziuba.de*. Tobias Dziuba. https://tobias-dziuba.de/auf-amazon-verkaufen/

Statista (2018): *Onlinehandel vs. Einzelhandel - Einkaufsverhalten nach Produktgruppen in Deutschland 2016*. https://de.statista.com/statistik/daten/studie/201914/umfrage/einkaufsverhalten-im-onlinehandel-vs-einzelhandel-nach-produktgruppen/

Pixelwerker (2019): *19 Tipps, mit deren Hilfe Du sofort mehr Leads generierst*. Werbeagentur Pixelwerker. https://pixelwerker.de/19-tipps-um-mehr-leads-zu-gewinnen/

Matting, M. (2020): *Autoren-Tipp: Zehn Fragen und Antworten zu Amazons Kindle-Deals*. Die Self-Publisher-Bibel. https://www.selfpublisherbibel.de/zehn-fragen-und-antworten-zu-amazons-kindle-deals/

Howarth, J. (2024): Startup Failure Rate Statistics. Exploding Topics. https://explodingtopics.com/blog/startup-failure-stats

Yon, M. (2024): 40+ Startup Failure Statistics for 2024 - Growth List. GrowthList. https://growthlist.co/startup-failure-statistics/

SEO PowerSuite (2024): 9 Gründe, warum Google-Rankings plötzlich verloren gehen https://www.link-assistant.com/de/news/reasons-your-rankings-dropped.html#5-Site-changes17

Google (2024): Google Search Status Dashboard https://status.search.google.com/products/rGHU1u87FJnkP6W2GwMi/history?hl=de

Google for Developers Blog (2022): Neueste Aktualisierung der Richtlinien für Evaluatoren zur Bewertung der Qualität: E-A-T erhält ein zusätzliches E für „Experience https://developers.google.com/search/blog/2022/12/google-raters-guidelines-e-e-a-t?hl=de

Marketing4KMU (2024): Mit Videos die Kaufbereitschaft um 85% steigern. https://www.marketing-4-kmu.com/video-marketing

---

[1] Howarth, J. (2023)

[2] Howarth, J. (2023)

[3] Yon, M. (2024)

[4] HDE: Studie zum Onlinehandel nach Branchen

[5] ChatGPT,Geld verdienen im Internet mit AI, 8.März 2024

[6] **Pixelwerker (2019):** *19 Tipps, mit deren Hilfe Du sofort mehr Leads generierst*

[7] **Grundmann, M. (2019):** 8 Strategien für mehr Pinterest-Traffic. Marpha Consulting

[8] Neil Patel (2019): Wie Du Deinen Pinterest-Traffic in nur 10 Minuten um 67,65 % steigern kannst

[9] Neil Patel (2019): Wie Du Deinen Pinterest-Traffic in nur 10 Minuten um 67,65 % steigern kannst

[10] **Ryte (2015):** Prospecting

[11] **Jeyam, N. (2019).** *Erfolgreiche Facebook Werbeanzeigen schalten - in 10 Schritten*

[12] **Stewing, S. (2019):** *10 Tipps für erfolgreiche Ads Werbung bei Google*

[13] **Schier, C. (2020):** *Top 10 Google Ads Tipps für effiziente Werbung*

[14] **Stewing, S. (2019):** *10 Tipps für erfolgreiche Ads Werbung bei Google*

[15] **Bauer, T. (2017):** *Wie der lokale Handel von den Google Micro-Moments profitieren kann.*

[16] **Pech, C. (2017):** *Infografik: Shopping Zeiten im Online-Handel*

[17] SEO PowerSuite (2024)

[18] Marketing4KMU (2024)

[19] **Schreibsuchti (2020):** *30 erprobte Wege deine E-Mail-Liste aufzubauen*

[20] **Weber, E. (2013):** S.1

[21] **Zimmermann, U. (2018):** So steigern Sie Ihre CTR in den organischen Suchergebnissen

[22] **Neil Patel (2019):** Wie man in 9 einfachen Schritten seine Klickrate maximieren kann

[23] **Flyeralarm (2020):** Mit diesen 6 Tipps optimieren Sie Ihre Click Through Rate (CTR) in Google Ads

[24] **Floemer, A. (2016):** *Backlinks: 10 Punkte, die sich beim Linkaufbau in den letzten Jahren verändert haben*

[25] **Seologen (2016):** *Wie wertvoll ist ein Backlink?*

[26] **Erichsen, C. (2020):** S.1

[27] Google (2024)

[28] Google for Developers Blog (2022)

[29] **Tantau, B. (2015):** Top 10 SEO Fehler

[30] **Schirmer, K. (2019):** *Lesbarkeit verbessern – 5 Grundregeln für den SEO-Faktor Readability.*

[31] **Heine, C. (2018):** 10 SEO-Fehler, die Du 2018 nicht mehr machen solltest.

[32] **Tantau, B. (2015):** Top 10 SEO Fehler

[33] Smart Marketing Breaks (2019): Der Sales Funnel

[34] **Dziuba, T. (2020):** *Auf Amazon verkaufen*

[35] Graf, S. (2020): S.1

[36] ***SEO Handbuch.de™*(2019)**: *eBay SEO: 15 Ranking-Tipps für bessere Platzierungen*

[37] **SEO Handbuch.de™ (2019):** *10 SEO-Tipps zur Optimierung von eBay-Shops*

www.ingramcontent.com/pod-product-compliance
Lightning Source LLC
LaVergne TN
LVHW030217230826
846093LV00011B/495
9798328850049